LE CHEVALIER DE MAISON-ROUGE.

Ouvrages de A. de Gondrecourt.

LA MARQUISE DE CANDEUIL,
2 volumes.

L'ES DERNIERS KERVEN,
2 volumes.

MÉDINE,
2 volumes.

Sous Presse :

LES PÉCHÉS MIGNONS,
4 volumes.

LE BOUT DE L'OREILLE,
2 volumes.

ROYAL-CRAVATE.

Ouvrages de Maximilien Perrin

La Fille d'une Lorette.	4 vol. in-8.
L'Amour et la Faim.	2 vol. in-8.
L'Amant de ma Femme.	2 vol. in-8.
La Fille de l'Invalide.	2 vol. in-8.
Le Mari de la Comédienne.	3 vol. in 8.
Ma vieille Tante.	2 vol. in-8.
L'Ami de la Maison.	2 vol. in-8.
Les Pilules du Diable.	2 vol. in-8.
Le Garde Municipal.	2 vol in-8.
Vierge et Modiste.	2 vol. in-8.
Le Domino Rose	2 vol. in-8.
La Demoiselle de la Confrerie	2 vol. in-8.
La Servante Maîtresse.	2 vol. in-8.

SCEAUX. — IMPR. DE E. DÉPÉE

LE CHEVALIER

DE

MAISON-ROUGE

PAR

ALEXANDRE DUMAS.

3

PARIS
ALEXANDRE CADOT, ÉDITEUR,
32, RUE DE LA HARPE.

—

1846

I

La bouquetière.

Enfin ce fameux jeudi, jour de la garde de Maurice, arriva.

On entrait dans le mois de juin. Le ciel était d'un bleu foncé, et sur cette nappe d'indigo se détachait le blanc mat des maisons neuves. On commençait à pressentir l'arrivée de ce chien terrible que les anciens représentaient altéré d'une soif inextinguible, et qui, au dire des Parisiens de la plèbe, lèche si bien les pavés. Paris était net comme un tapis, et des parfums tombés de l'air, montant des arbres, émanant des fleurs, circulaient et enivraient comme pour faire oublier un peu aux habitans de la capitale cette vapeur de sang qui fumait sans cesse sur le pavé de ses places.

Maurice devait entrer au Temple à neuf heures; ses deux collègues étaient Mercevault et Agricola. A huit heures il était rue Vieille-Saint-Jacques en grand costume de citoyen municipal, c'est-à-dire avec une écharpe tricolore serrant sa taille souple et nerveuse; il était venu, comme d'habitude, à cheval chez Geneviève, et sur sa route il avait pu recueillir les éloges et les approbations, nullement dissimulés, des bonnes patriotes qui le regardaient passer.

Geneviève était déjà prête : elle portait une simple robe de mousseline, une espèce de mante en taffetas léger, un petit bonnet orné de la cocarde tricolore. Dans ce simple appareil elle était d'une éblouissante beauté.

Morand, qui s'était, comme nous l'avons vu, beaucoup fait prier pour venir, avait, de peur d'être suspecté d'aristocratie sans doute, pris l'habit de tous les jours; cet habit moitié bourgeois, moitié artisan. Il venait de rentrer seulement, et son visage portait la trace d'une grande fatigue.

Il prétendit avoir travaillé toute la nuit pour achever une besogne pressée.

Dixmer était sorti aussitôt le retour de son ami Morand.

— Eh bien, demanda Geneviève, qu'avez-vous décidé, Maurice, et comment verrons-nous la reine?

— Écoutez, dit Maurice, mon plan est fait. J'arrive avec vous au Temple;

je vous recommande à Lorin, mon ami, qui commande la garde; je prends mon poste, et, au moment favorable, je vais vous chercher.

— Mais, demanda Morand, où verrons-nous les prisonniers, et comment les verrons-nous?

— Pendant leur déjeûner ou leur dîner, si cela vous convient, à travers le vitrage des municipaux.

— Parfait! dit Morand.

Maurice vit alors Morand s'approcher de l'armoire du fond de la salle à manger, et boire à la hâte un verre de vin pur. Cela le surprit. Morand était fort sobre et ne buvait d'ordinaire que de l'eau rougie.

Geneviève s'aperçut que Maurice regardait le buveur avec étonnement.

— Figurez-vous, dit-elle, qu'il se tue avec son travail ce malheureux Morand, de sorte qu'il est capable de n'avoir rien pris depuis hier matin.

— Il n'a donc pas dîné ici, demanda Maurice.

— Non, il fait des expériences en ville.

Geneviève prenait une précaution inutile. Maurice, en véritable amant, c'est-à-dire en égoïste, n'avait remarqué cette action de Morand qu'avec cette attention superficielle que l'homme amoureux accorde à tout ce qui n'est pas la femme qu'il aime.

A ce verre de vin Morand ajouta une tranche de pain qu'il avala précipitamment.

— Et maintenant, dit le mangeur, je suis prêt, cher citoyen Maurice ; quand vous voudrez nous partirons.

Maurice, qui effeuillait les pistils flétris d'un des œillets morts qu'il avait cueillis en passant, présenta son bras à Geneviève en disant :

— Partons.

Ils partirent en effet. Maurice était si heureux que sa poitrine ne pouvait contenir son bonheur; il eût crié de joie s'il ne se fût retenu. En effet, que pouvait-il désirer de plus : non-seulement on n'aimait point Morand, il en avait la certitude, mais encore on l'aimait lui, il en avait l'espérance. Dieu envoyait un beau soleil sur la terre, le bras de Geneviève frémissait sous le sien; et les crieurs publics, hurlant à pleine tête le triomphe des Jacobins et la chute de Brissot et de ses complices, annonçaient que la patrie était sauvée.

Il y a vraiment des instans dans la vie où le cœur de l'homme est trop petit pour contenir la joie ou la douleur qui s'y concentre.

— Oh! le beau jour! s'écria Morand.

Maurice se retourna avec étonnement; c'était le premier élan qui sortait devant lui de cet esprit toujours distrait ou comprimé.

— Oh! oui, oui, bien beau, dit Geneviève en se laissant peser au bras de Maurice; puisse-t-il demeurer jusqu'au soir pur et sans nuages comme il est en ce moment!

Maurice s'appliqua ce mot, et son bonheur en redoubla.

Morand regarda Geneviève à travers ses lunettes vertes avec une expression particulièee de reconnaissance, peut-être, lui aussi, s'était-il appliqué ce mot.

On traversa ainsi le Petit-Pont, la rue de la Juiverie et le pont Notre-Dame, puis on prit la place de l'Hôtel-de-Ville, la rue Bar-du-Bec et la rue Sainte-Avoye. A mesure qu'on avançait le pas de Maurice devenait plus léger, tandis qu'au contraire le pas de sa compagne et de son compagnon se ralentissait de plus en plus.

On était arrivé ainsi au coin de la rue des Vieilles-Audriettes, lorsque tout à coup une bouquetière barra le passage à nos promeneurs en leur présentant son éventaire chargé de fleurs.

— Oh! les magnifiques œillets! s'écria Maurice.

— Oh! oui, bien beaux, dit Geneviève ; il paraît que ceux qui les cultivaient n'avaient point d'autres préoccupations, car ils ne sont pas morts, ceux-là.

Ce mot retentit bien doucement au cœur du jeune homme.

— Ah! mon beau municipal, dit la bouquetière, achète un bouquet à la jolie citoyenne. Elle est habillée de blanc, voilà des œillets rouges superbes; blanc et pourpre vont bien ensemble; elle mettra le bouquet sur son cœur, et comme son cœur est bien près de ton habit bleu, vous aurez là les couleurs nationales.

La bouquetière était jeune et jolie; elle débitait son petit compliment avec une grâce toute particulière, son compliment d'ailleurs était admirablement choisi, et eût-il été fait exprès, qu'il ne se fût pas mieux appliqué à la circonstance. En outre les fleurs étaient presque symboliques. C'étaient des œillets pareils à ceux qui étaient morts dans la caisse d'acajou.

— Oui, dit Maurice, je t'en achète parce que ce sont des œillets, entends-tu bien. Toutes les autres fleurs, je les déteste.

— Oh! Maurice, dit Geneviève, c'est bien inutile; nous en avons tant dans le jardin.

Et malgré ce refus des lèvres, les yeux de Geneviève disaient qu'elle mourait d'envie d'avoir ce bouquet.

Maurice prit le plus beau de tous les bouquets; c'était d'ailleurs celui que lui présentait la jolie marchande de fleurs.

Il se composait d'une vingtaine d'œillets ponceau, à l'odeur à la fois âcre et suave. Au milieu de tous et dominant comme un roi, sortait un œillet énorme.

— Tiens, dit Maurice à la marchande, en lui jetant sur son éventaire un assignat de cinq livres ; tiens, voilà pour toi.

— Merci, mon beau municipal, dit la bouquetière ; cinq fois merci !

Et elle alla vers un autre couple de citoyens, dans l'espérance qu'une journée qui commençait si magnifiquement, serait une bonne journée. Pendant cette scène, bien simple en apparence, et qui avait duré quelques secondes à peine, Morand, chancelant sur ses jambes, s'essuyait le front, et Geneviève était pâle et tremblante. Elle prit, en crispant sa main charmante, le bouquet que lui présentait Maurice, et le porta à son visage moins pour en respirer l'odeur que pour cacher son émotion.

Le reste du chemin se fit gaîment, quant à Maurice du moins. Pour Geneviève, sa gaîté à elle était contrainte. Quant à Morand, la sienne se faisait jour d'une façon bizarre, c'est-à-dire par des soupirs étouffés, par des rires éclatans et par des plaisanteries formidables tombant sur les passans comme un feu de file.

A neuf heures on arrivait au Temple.

Santerre faisait l'appel des municipaux.

— Me voici, dit Maurice, en laissant Geneviève sous la garde de Morand.

— Ah! sois le bienvenu, dit Santerre en tendant la main au jeune homme.

Maurice se garda bien de refuser la main qui lui était offerte. L'amitié de Santerre était certainement une des plus précieuses de l'époque.

En voyant cet homme qui avait commandé le fameux roulement de tambours, Geneviève frissonna et Morand pâlit.

— Qui donc est cette belle citoyenne, demanda Santerre à Maurice, et que vient-elle faire ici ?

— C'est la femme du brave citoyen Dixmer; il n'est point que tu n'aies entendu parler de ce brave patriote, citoyen général ?

— Oui, oui, reprit Santerre, un chef de tannerie, capitaine aux chasseurs de la légion Victor.

— C'est cela même.

— Bon! bon! elle est ma foi jolie. Et cette espèce de magot qui lui donne le bras?

— C'est le citoyen Morand, l'associé

de son mari, chasseur dans la compagnie Dixmer.

Santerre s'approcha de Geneviève.

— Bonjour, citoyenne, dit-il.

Geneviève fit un effort.

— Bonjour, citoyen général, répondit-elle en souriant.

Santerre fut à la fois flatté du sourire et du titre.

— Et que viens-tu faire ici, belle patriote, continua Santerre?

— La citoyenne, reprit Maurice, n'a jamais vu la veuve Capet et elle voudrait la voir.

— Oui, dit Santerre, avant que.....

Et il fit un geste atroce.

— Précisément, répondit froidement Maurice.

— Bien, dit Santerre, tâche seulement qu'on ne la voie pas entrer au donjon ; ce serait un mauvais exemple ; d'ailleurs je m'en fie bien à toi.

Santerre serra de nouveau la main à Maurice, fit de la tête un geste amical et protecteur à Geneviève et alla vaquer à ses autres fonctions.

Après bon nombre d'évolutions de grenadiers et de chasseurs, après quelques manœuvres de canon dont on pensait que les sourds retentissemens jetaient aux environs une intimidation salutaire, Maurice reprit le bras de Geneviève et, suivi par Morand, s'avança vers le poste à la porte duquel Lorin s'égosillait en commandant la manœuvre à son bataillon.

— Bon! s'écria-t-il, voilà Maurice, peste! avec une femme qui me paraît un peu agréable. Est-ce que le sournois voudrait faire concurrence à ma déesse Raison? S'il en était ainsi, pauvre Arthémise!

— Eh bien! citoyen adjudant, dit le capitaine.

— Ah! c'est juste; attention! cria

Lorin, par file à gauche, gauche.....
bonjour, Maurice; pas accéléré.....
arche !

Les tambour roulèrent; les compagnies allèrent prendre leurs postes, et quand chacune fut au sien, Lorin accourut.

Les premiers complimens s'échangèrent.

Maurice présenta Lorin à Geneviève et à Morand.

Puis les explications commencèrent.

— Oui, oui, je comprends, dit Lorin; tu veux que le citoyen et la citoyenne puissent entrer au donjon, c'est chose facile; je vais faire placer les factionnaires et leur dire qu'ils peuvent te laisser passer avec ta société.

Dix minutes après, Geneviève et Morand entraient à la suite des trois municipaux et prenaient place derrière le vitrage.

V

L'œillet rouge.

La reine venait de se lever seulement. Malade depuis deux ou trois jours, elle restait au lit plus longtemps que d'habitude. Seulement, ayant appris de sa sœur que le soleil s'était levé magnifique, elle avait fait un effort et avait, pour faire prendre l'air à sa fille, demandé à se promener sur la terrasse, ce qui lui avait été accordé sans difficulté.

Et puis une autre raison la déterminait. Une fois, une seule il est vrai, elle avait, du haut de la tour, aperçu le dauphin dans le jardin. Mais, au premier geste qu'avaient échangé le fils et la mère, Simon était intervenu et avait fait rentrer l'enfant.

N'importe, elle l'avait aperçu, et c'était beaucoup. Il est vrai que le pauvre petit prisonnier était bien pâle et bien changé. Puis, il était vêtu, comme un enfant du peuple, d'une

carmagnole et d'un gros pantalon.
Mais on lui avait laissé ses beaux cheveux blonds bouclés, qui lui faisaient une auréole que Dieu a sans doute voulu que l'enfant martyr gardât au ciel.

Si elle pouvait le revoir une fois encore seulement, quelle fête pour ce cœur de mère !

Puis enfin il y avait encore autre chose.

— Ma sœur, lui avait dit madame Elisabeth, vous savez que nous avons trouvé dans le corridor un fêtu de paille dressé dans l'angle du mur. Dans la langue de nos signaux, cela veut dire de faire attention autour de nous et qu'un ami s'approche.

— C'est vrai, avait répondu la reine qui, regardant sa sœur et sa fille en pitié, s'encourageait elle-même à ne point désespérer de leur salut.

Les exigences du service étant accomplies, Maurice était alors d'autant plus le maître dans le donjon du Temple que le hasard l'avait désigné pour la garde du jour, en faisant des municipaux Agricola et Mercevault les veilleurs de nuit.

Les municipaux sortans étaient partis après avoir laissé leur procès-verbal au conseil du Temple.

— Eh bien! citoyen municipal, dit la femme Tison en venant saluer Maurice, vous amenez donc de la société pour voir nos pigeons. Il n'y a que moi qui suis condamnée à ne plus voir ma pauvre Héloïse.

— Ce sont des amis à moi, dit Maurice, qui n'ont jamais vu la femme Capet.

— Eh bien! ils seront à merveille derrière le vitrage.

— Assurément, dit Morand.

— Seulement, dit Geneviève, nous allons avoir l'air de ces curieux cruels qui viennent de l'autre côté d'une grille jouir des tourmens d'un prisonnier.

—Eh bien! que ne les avez-vous vus sur le chemin de la Tour, vos amis, puisque la femme s'y promène aujourd'hui avec sa sœur et sa fille, car ils lui ont laissé sa fille à elle, tandis que moi, qui ne suis pas coupable, ils m'ont ôté la mienne. Oh! les aristocrates! il y aura toujours, quoi qu'on fasse, des faveurs pour eux, citoyen Maurice.

— Mais il lui ont ôté son fils, répondit celui-ci.

— Ah! si j'avais un fils, murmura la geôlière, je crois que je regretterais moins ma fille.

Geneviève avait pendant ce temps-là échangé quelques regards avec Morand.

— Mon ami, dit la jeune femme à Maurice, la citoyenne a raison. Si vous vouliez d'une façon quelconque me placer sur le passage de Marie-Antoinette, cela me répugnerait moins que de la regarder d'ici. Il me semble que cette manière de voir les personnes est humiliante à la fois pour elle et pour nous.

— Bonne Geneviève, dit Maurice; vous avez donc toutes les délicatesses.

— Ah! pardieu, citoyenne, s'écria

un des deux collègues de Maurice, qui déjeûnait dans l'antichambre avec du pain et des saucisses, si vous étiez prisonnière et que la veuve Capet fût curieuse de vous voir, elle ne ferait pas tant de façons pour se passer cette fantaisie, la coquine.

Geneviève, par un mouvement plus rapide que l'éclair, tourna ses yeux vers Morand, pour observer sur lui l'effet de ces injures. En effet, Morand tressaillit ; une lueur étrange, phosphorescente pour ainsi dire, jaillit de ses paupières, ses poings se crispèrent un moment; mais tous ces signes furent si rapides, qu'ils passèrent inaperçus.

— Comment s'appelle ce municipal? demanda-t-elle à Maurice.

— C'est le citoyen Mercevault, répondit le jeune homme; puis il ajouta comme pour excuser sa grossièreté, un tailleur de pierres.

Mercevault entendit et jeta un regard de côté sur Maurice.

— Allons! allons! dit la femme Tison, achève ta saucisse et ta demi-bouteille, que je desserve.

— Ce n'est pas la faute de l'Autrichienne si je les achève à cette heure, grommela le municipal; si elle avait pu me faire tuer au 10 août, elle l'eût certainement fait ; aussi le jour où elle éternuera dans le sac, je serai au premier rang, solide au poste.

Morand devint pâle comme un mort.

— Allons, allons! citoyen Maurice, dit Geneviève ; allons où vous avez promis de nous mener ; ici, il me semble que je suis prisonnière, j'étouffe.

Maurice fit sortir Morand et Geneviève ; les sentinelles, prévenues par Lorin, les laissèrent passer sans aucune difficulté.

Il les installa dans un petit couloir de l'étage supérieur, de sorte qu'au moment où la reine, madame Elisabeth et madame Royale devaient monter à la galerie, les augustes prisonnières ne pouvaient faire autrement que de passer devant eux.

Comme la promenade était fixée pour dix heures et qu'il n'y avait plus que quelques minutes à attendre, Maurice non seulement ne quitta point ses amis, mais encore afin que le plus léger soupçon ne planât point sur cette démarche tant soit peu illégale, ayant rencontré le citoyen Agricola, il l'avait pris avec lui.

Dix heures sonnèrent.

— Ouvrez ! cria du bas de la tour une voix que Maurice reconnut pour celle du général Santerre.

Aussitôt la garde prit les armes, on ferma les grilles, les factionnaires apportèrent leurs armes. Il y eut alors dans toute la cour un bruit de fer, de pierres et de pas qui impressionna vivement Morand et Geneviève, car Maurice les vit pâlir tous deux.

— Que de précautions pour garder trois femmes, murmura Geneviève.

— Oui, dit Morand en essayant de rire. Si ceux qui tentent de les faire évader étaient à notre place et voyaient ce que nous voyons, cela les dégoûterait du métier.

— En effet, dit Geneviève, je commence à croire qu'elles ne se sauveront pas.

— Et moi, je l'espère, répondit Maurice.

Et se penchant à ces mots sur la rampe de l'escalier :

— Attention, dit-il, voici les prisonnières.

— Nommez-les moi, dit Geneviève, car je ne les connais pas.

— Les deux premières qui montent

sont la sœur et la fille de Capet. La dernière, qui est précédée d'un petit chien, est Marie-Antoinette.

Geneviève fit un pas en avant. Mais, au contraire, Morand, au lieu de regarder, se colla contre le mur.

Ses lèvres étaient plus livides et plus terreuses que la pierre du donjon.

Geneviève, avec sa robe blanche et es beaux yeux purs, semblait un ange attendant les prisonniers pour éclairer la route amère qu'ils parcouraient et leur mettre en passant un peu de joie au cœur.

Madame Elisabeth et madame Royale

passèrent après avoir jeté un regard étonné sur les étrangers; sans doute la première eut l'idée que c'étaient ceux que leur annonçaient les signes, car elle se retourna vivement vers madame Royale et lui serra la main, tout en laissant tomber son mouchoir comme pour prévenir la reine.

— Faites attention, ma sœur, dit-elle, j'ai laissé échapper mon mouchoir.

Et elle continua de monter avec la jeune princesse.

La reine, dont un souffle haletant et une petite toux sèche indiquaient le malaise, se baissa pour ramasser le mouchoir qui était tombé à ses pieds; mais plus prompt qu'elle son petit chien s'en empara et courut le porter à madame Elisabeth. La reine continua donc de monter, et après quelques marches se trouva à son tour devant Geneviève, Morand et le jeune municipal.

— Oh! des fleurs! dit-elle; il y a bien longtems que je n'en ai vu. Que cela sent bon, et que vous êtes heureuse d'avoir des fleurs, madame!

Prompte comme la pensée qui venait de se formuler par des paroles douloureuses, Geneviève étendit la main pour offrir son bouquet à la reine. Alors Marie-Antoinette leva la tête, la regarda, et une imperceptible rougeur parut sur son front décoloré.

Mais, par une sorte de mouvement naturel, par cette habitude d'obéissance passive au réglement, Maurice étendit la main pour arrêter le bras de Geneviève.

La reine alors demeura hésitante, et, regardant Maurice, elle le reconnut pour le jeune municipal qui avait l'habitude de lui parler avec fermeté, mais en même tems avec respect.

— Est-ce défendu, monsieur? dit-elle.

— Non, non, madame, dit Maurice. Geneviève, vous pouvez offrir votre bouquet.

— Oh! merci, merci, monsieur! s'écria la reine avec une vive reconnaissance.

Et saluant avec une gracieuse affabilité Geneviève, Marie-Antoinette avança une main amaigrie, et cueillit au hasard un œillet dans la masse des fleurs.

— Mais prenez tout, madame, prenez, dit timidement Geneviève.

— Non, dit la reine avec un sourire charmant; ce bouquet vient peut-être d'une personne que vous aimez, et je ne veux point vous en priver.

Geneviève rougit, et cette rougeur fit sourire la reine.

— Allons, allons! citoyenne Capet, dit Agricola, il faut continuer votre chemin.

La reine salua et continua de monter; mais avant de disparaître, elle se retourna encore en murmurant :

— Que cet œillet sent bon et que cette femme est jolie !

— Elle ne m'a pas vu, murmura Morand, qui, presque agenouillé dans la pénombre du corridor, n'avait effectivement point frappé les regards de la reine.

— Mais vous, vous l'avez bien vue, n'est-ce pas, Morand? n'est-ce pas, Geneviève? dit Maurice doublement heureux, d'abord du spectacle qu'il avait procuré à ses amis, et ensuite du plaisir qu'il venait de faire à si peu de frais à la malheureuse prisonnière.

— Oh! oui, oui, dit Geneviève, je l'ai bien vue, et maintenant, quand je vivrais cent ans, je la verrais toujours.

— Et comment la trouvez-vous?

— Bien belle.

— Et vous, Morand ?

Morand joignit les mains sans répondre.

— Dites donc, dit tout bas et en riant Maurice à Geneviève, est-ce que ce serait de la reine que Morand est amoureux ?

Geneviève tressaillit, mais se remettant aussitôt :

— Ma foi, répondit-elle en riant à son tour, cela en a en vérité l'air.

— Eh bien ! vous ne me dites pas comment vous l'avez trouvée, Morand, insista Maurice.

— Je l'ai trouvée bien pâle, répondit-il.

Maurice reprit le bras de Geneviève et la fit descendre vers la cour. Dans l'escalier sombre, il lui sembla que Geneviève lui baisait la main.

— Eh bien! dit Maurice, que veut dire cela, Geneviève?

— Cela veut dire, Maurice, que je n'oublierai jamais que pour un caprice de moi vous avez risqué votre tête.

— Oh! dit Maurice, voilà de l'exagération, Geneviève. De vous à moi, vous savez que la reconnaissance n'est pas le sentiment que j'ambitionne.

Geneviève lui pressa doucement le bras.

Morand suivait en trébuchant.

On arriva dans la cour. Lorin vint reconnaître les deux visiteurs et les fit sortir du Temple.

Mais avant de le quitter, Geneviève fit promettre à Maurice de venir dîner Vieille-rue-Saint-Jacques le lendemain.

III

Simon le censeur.

Maurice s'en revint à son poste le cœur tout plein d'une joie presque céleste : il trouva la femme Tison qui pleurait.

— Et qu'avez-vous donc encore, la mère ? demanda-t-il.

— J'ai que je suis furieuse, répondit la geôlière.

— Et pourquoi ?

— Parce que tout est injustice pour les pauvres gens dans ce monde.

— Mais enfin...

— Vous êtes riche, vous; vous êtes bourgeois, vous venez ici pour un jour seulement, et l'on vous permet de vous y faire visiter par de jolies femmes qui donnent des bouquets à l'Autrichienne; et moi, qui niche perpétuellement dans le colombier, on me défend de voir ma pauvre Sophie.

Maurice lui prit la main et y glissa un assignat de dix livres.

— Tenez, bonne Tison, lui dit-il, prenez cela et ayez courage. Eh! mon Dieu! l'Autrichienne ne durera pas toujours.

— Un assignat de dix livres, fit la geôlière, c'est gentil de votre part. Mais j'aimerais mieux une papillotte qui eût enveloppé les cheveux de ma pauvre fille.

Elle achevait ces mots quand Simon, qui montait, les entendit et vit la geôlière serrer dans sa poche l'assignat que lui avait donné Maurice.

Disons dans quelle disposition d'esprit était Simon :

Simon venait de la cour, où il avait

rencontré Lorin. Il y avait décidément antipathie entre ces deux hommes.

Cette antipathie était beaucoup moins motivée par la scène violente que nous avons déjà mise sous les yeux de nos lecteurs, que par la différence des races, source éternelle de ces inimitiés ou de ce penchant que l'on appelle les mystères et qui cependant s'expliquent si bien.

Simon était laid ; Lorin était beau. Simon était salé ; Lorin sentait bon. Simon était républicain fanfaron ; Lorin était un de ces patriotes ardens, qui, pour la Révolution, n'avaient fait que des sacrifices; et puis, s'il eût fallu en venir aux coups, Simon sentait instinctivement que le poing du muscadin lui eût non moins élégamment que Maurice décerné un châtiment plébéien.

Simon, en apercevant Lorin, s'était arrêté court et avait pâli.

— C'est donc encore ce bataillon-là qui monte la garde, grogna-t-il.

— Eh bien! après, répondit un grenadier à qui l'apostrophe déplut, il me semble qu'il en vaut bien un autre.

Simon tira un crayon de la poche

de sa carmagnole et feignit de prendre une note sur une feuille de papier presque aussi noire que ses mains.

— Eh! dit Lorin, tu sais donc écrire, Simon, depuis que tu es le précepteur de Capet. Voyez, citoyens. Ma parole d'honneur, il note ; c'est Simon le censeur.

Et un éclat de rire universel, parti des rangs des jeunes gardes nationaux, presque tous jeunes gens lettrés, hébêta pour ainsi dire le misérable savetier.

— Bon, bon, dit-il en grinçant des dents et en blémissant de colère ; on dit que tu as laissé entrer des étrangers dans le donjon, et cela sans permission de la commune. Bon, bon, je vais faire dresser procès-verbal par le municipal.

— Au moins celui-là sait écrire, répondit Lorin ; c'est Maurice, tu sais, brave Simon ; c'est Maurice, Maurice poing de fer, connais-tu ?

En ce moment justement, Morand et Geneviève sortaient.

A cette vue, Simon s'élança dans le donjon, juste au moment où, comme nous l'avons dit, Maurice donnait à la femme Tison un assignat de dix livres comme consolation.

Maurice ne fit pas attention à la présence de ce misérable, dont il s'éloignait d'ailleurs par instinct toutes les fois qu'il le trouvait sur sa route, comme on s'éloigne d'un reptile venimeux ou dégoûtant.

— Ah! ça, dit Simon à la femme Tison, qui s'essuyait les yeux avec son tablier; tu veux donc absolument te faire guillotiner, citoyenne !

— Moi, dit la femme Tison, et pourquoi cela?

— Commen! tu reçois de l'argent des municipaux pour faire entrer les aristocrates chez l'Autrichienne...

—Moi, dit la femme Tison ; tais-toi, tu es fou.

—Ce sera consigné au procès-verbal, dit Simon avec emphase.

— Allons donc, ce sont les amis du municipal Maurice, un des meilleurs patriotes qui existent.

— Des conspirateurs, te dis-je ; la commune sera informée d'ailleurs, elle jugera.

— Allons, tu vas me dénoncer, espion de police.

— Parfaitement, à moins que tu ne te dénonces toi-même.

— Mais quoi dénoncer; que veux-tu que je dénonce?

— Ce qui s'est passé, donc.

— Mais puisqu'il ne s'est rien passé.

— Où étaient-ils les aristocrates ?

— Là, sur l'escalier.

— Quand la veuve Capet est montée à la tour?

— Oui.

— Et ils se sont parlés?

— Ils se sont dit deux mots.

— Deux mots, tu vois; d'ailleurs ça sent l'aristocratie ici.

— C'est-à-dire que ça sent l'œillet.

— L'œillet! pourquoi l'œillet?

— Parce que la citoyenne en avait un bouquet qui embaumait.

— Quelle citoyenne?

— Celle qui regardait passer la reine.

— Tu vois bien, tu dis la reine, femme Tison; la fréquentation des aristocrates te perd. Eh bien! sur quoi donc est-ce que je marche là? continua Simon en se baissant.

— Eh! justement, dit la femme Tison, c'est une fleur, sûr un œillet; il sera tombé des mains de la citoyenne Dixmer, quand Marie-Antoinette en a pris un dans son bouquet.

— La femme Capet a pris une fleur dans le bouquet de la citoyenne Dixmer? dit Simon.

— Oui, et c'est moi-même qui le lui ai donné, entends-tu, dit d'une voix menaçante Maurice qui écoutait ce colloque depuis quelques-instans et que ce colloque impatientait.

— C'est bien, c'est bien, on voit ce qu'on voit, et on sait ce qu'on dit, grogna Simon qui tenait toujours à la main l'œillet froissé par son large pied.

— Et moi, reprit Maurice, je sais une chose et je vais te la dire, c'est que tu n'as rien à faire dans le donjon et que ton poste de bourreau est là-bas près du petit Capet, que tu ne battras pas cependant aujourd'hui attendu que je suis là et que je te le défends.

— Ah! tu menaces et tu m'appelles bourreau, s'écria Simon en écrasant la fleur entre ses doigts; ah! nous verrons s'il est permis aux aristocrates... Eh bien! qu'est-ce donc que cela?

— Quoi? demanda Maurice.

— Ce que je sens dans l'œillet donc? Ah! ah!

Et aux yeux de Maurice stupéfait, Simon tira du calice de la fleur un petit papier roulé avec un soin exquis et qui avait été artistement introduit au centre de son épais panache.

— Oh! s'écria Maurice à son tour, qu'est-ce que cela, mon Dieu?

— Nous le saurons, nous le saurons, dit Simon en s'approchant de la lucarne. Ah! ton ami Lorin dit que je ne sais pas lire, eh bien! tu vas voir.

Lorin avait calomnié Simon, il savait lire l'imprimé dans tous les caractères et l'écriture quand elle était d'une certaine grosseur. Mais le billet était minuté si fin, que Simon fut obligé de recourir à ses lunettes. Il posa en conséquence le billet sur la lucarne et se mit à faire l'inventaire de ses poches, mais comme il était au milieu de ce travail, le citoyen Agricola ouvrit la porte de l'antichambre qui était juste en face de la petite fenêtre, et un courant d'air s'établit qui enleva le papier léger comme une plume, de sorte que quand Simon, après une exploration d'un instant, eut découvert ses lunettes et après les avoir mises sur son nez, se retourna, il chercha inutilement le papier, le papier avait disparu.

Simon poussa un rugissement.

— Il y avait un papier, s'écria-t-il ; il y en avait un ; mais gare à toi, citoyen municipal, car il faudra bien qu'il se retrouve.

Et il descendit rapidement, laissant Maurice abasourdi.

Dix minutes après, trois membres de la commune entraient dans le donjon. La reine était encore sur la terrasse, et l'ordre avait été donné de la laisser dans la plus parfaite ignorance de ce qui venait de se passer. Les membres de la commune se firent conduire près d'elle.

Le premier objet qui frappa leurs

yeux fut l'œillet rouge qu'elle tenait encore à la main. Ils se regardèrent surpris, et s'approchant d'elle:

— Donnez-nous cette fleur, dit le président de la députation.

La reine, qui ne s'attendait pas à cette irruption, tressaillit et hésita.

— Rendez cette fleur, madame, s'écria Maurice avec une sorte de terreur, je vous en prie.

La reine tendit l'œillet demandé.

Le président le prit et se retira, suivi de ses collègues, dans une salle voisine pour faire la perquisition et dresser le procès-verbal.

On ouvrit la fleur, elle était vide.

Maurice respira.

— Un moment, un moment, dit l'un des membres, le cœur de l'œillet a été enlevé. L'alvéole est vide, c'est vrai, mais dans cette alvéole un billet bien certainement a été enfermé.

— Je suis prêt, dit Maurice, à fournir toutes les explications nécessaires. Mais, avant tout, je demande à être arrêté.

— Nous prenons acte de ta proposition, dit le président, mais nous n'y faisons pas droit. Tu es connu pour un bon patriote, citoyen Lindey.

— Et je réponds sur ma vie des amis que j'ai eu l'imprudence d'amener avec moi.

— Ne réponds de personne, dit le procureur.

On entendit un grand remue-ménage dans les cours.

C'était Simon qui, après avoir cherché inutilement le petit billet enlevé par le vent, était allé trouver Santerre et lui avait raconté la tentative d'enlèvement de la reine avec tous les accessoires que pouvaient prêter à un pareil événement les charmes de son imagination. Santerre était accouru; on investissait le Temple et l'on changeait la garde, au grand dépit de Lorin, qui protestait contre cette offense faite à son bataillon.

— Ah! méchant savetier, dit-il à Simon en le menaçant de son sabre, c'est à toi que je dois cette plaisanterie, mais sois tranquille, je te la revaudrai.

— Je crois plutôt que c'est toi qui paieras tout ensemble à la nation, dit le cordonnier en se frottant les mains.

— Citoyen Maurice, dit Santerre; tiens-toi à la disposition de la commune, qui t'interrogera.

— Je suis à tes ordres, commandant;

mais j'ai déjà demandé à être arrêté et je le demande encore.

— Attends, attends, murmura sournoisement Simon, puisque tu y tiens si fort, nous allons tâcher de faire ton affaire.

Et il alla retrouver la femme Tison.

IV

La déesse Raison.

On chercha pendant toute la journée dans la cour, dans le jardin et dans les environs le petit papier qui causait toute cette rumeur et qui, on n'en doutait plus, renfermait tout un complot.

On interrogea la reine après l'avoir séparée de sa sœur et de sa fille; mais elle ne répondit rien, sinon qu'elle avait, sur l'escalier, rencontré une jeune femme portant un bouquet; que cette jeune femme lui avait offert ce bouquet, et qu'elle s'était contentée d'y cueillir une fleur.

Encore n'avait-elle cueilli cette fleur que du consentement du municipal Maurice.

Elle n'avait rien autre chose à dire, c'était là la vérité dans toute sa simplicité et dans toute sa force.

Tout fut rapporté à Maurice lorsque son tour vint, et il appuya la déposition de la reine comme franche et exacte.

— Mais, dit le président, il y avait un complot alors?

— C'est impossible, dit Maurice, c'est moi, qui en dînant chez madame Dixmer, lui ai proposé de lui faire voir la prisonnière, qu'elle n'avait jamais vue. Mais il n'y avait rien de fixé pour le jour, ni pour le moyen.

— Mais on s'était muni de fleurs, dit le président, ce bouquet avait été fait d'avance?

— Pas du tout, c'est moi-même qui ai acheté ces fleurs à une bouquetière qui est venue nous les offrir au coin de la rue des Vieilles-Haudriettes.

— Mais, au moins, cette bouquetière t'a présenté le bouquet?

— Non, citoyen, je l'ai choisi moi-même entre dix ou douze; il est vrai que j'ai choisi le plus beau.

— Mais on a pu, pendant le chemin, y glisser ce billet?

— Impossible, citoyen, je n'ai pas quitté une minute madame Dixmer, et pour faire l'opération que vous dites dans chacune des fleurs, car remarquez que chacune des fleurs, à ce que dit Simon, devait renfermer un billet pareil, il eût fallu au moins une demi-journée.

—Mais enfin, ne peut-on avoir glissé parmi ces fleurs deux billets préparés?

— C'est devant moi que la prisonnière en a pris une au hasard, après avoir refusé tout le bouquet.

— Alors, à ton avis, citoyen Lindey, il n'y a donc pas de complot?

— Si fait, il y a complot, reprit Maurice, et je suis le premier, non seulement à le croire, mais à l'affirmer; seulement, ce complot ne vient point de mes amis. Cependant, comme il ne faut pas que la nation soit exposée à aucune crainte, j'offre une caution et je me constitue prisonnier.

— Pas du tout, répondit Santerre, est-ce qu'on agit ainsi avec des éprouvés comme toi ? Si tu te constituais prisonnier pour répondre de tes amis, je me constituerais prisonnier pour répondre de toi. Ainsi la chose est simple, il n'y a pas de dénonciation positive, n'est-ce pas ? Nul ne saura ce qui s'est passé. Redoublons de surveillance, toi surtout, et nous arriverons à connaître le fond des choses en évitant la publicité.

— Merci, commandant, dit Maurice, mais je vous répondrai ce que vous répondriez à ma place. Nous ne devons pas en rester là, et il nous faut retrouver la bouquetière.

— La bouquetière est loin ; mais sois tranquille, on la cherchera. Toi, surveille tes amis; moi, je surveillerai les correspondances de la prison.

On n'avait point songé à Simon, mais Simon avait son projet.

Il arriva vers la fin de la séance que nous venons de raconter, pour demander des nouvelles, et il apprit la décision de la commune.

— Ah! il ne faut qu'une dénonciation en règle, dit-il, pour faire l'affaire; attendez cinq minutes et je l'apporte.

— Qu'est-ce donc? demanda le président.

— C'est, répondit le cordonnier, la courageuse citoyenne Tison qui dénonce les menées sourdes du partisan de l'aristocratie, Maurice, et les ramifications d'un autre faux patriote de ses amis nommé Lorin.

— Prends garde, prends garde, Simon. Ton zèle pour la nation t'égare peut-être, dit le président ; Maurice Lindey et Hyacinthe Lorin sont des éprouvés.

—On verra ça au tribunal, répliqua Simon.

— Songes-y bien, Simon, ce sera un

procès scandaleux pour tous les bons patriotes.

— Scandaleux ou non, qu'est-ce que ça me fait à moi. Est-ce que je crains le scandale, moi. On saura au moins toute la vérité sur ceux qui trahissent.

— Ainsi tu persistes à dénoncer au nom de la femme Tison.

— Je dénoncerai moi-même ce soir aux Cordeliers et toi-même avec les autres, citoyen président, si tu ne veux pas décréter d'arrestation le traître Maurice.

— Eh bien, soit, dit le président qui,

selon l'habitude de ce malheureux temps, tremblait devant celui qui criait le plus haut. Eh bien, soit, on l'arrêtera.

Pendant que cette décision était rendue contre lui, Maurice était retourné au Temple où l'attendait un billet ainsi conçu :

« Notre garde étant violemment in-
» terrompue, je ne pourrai, selon toute
» probabilité, te revoir que demain ma-
» tin : viens déjeûner avec moi, tu me
» mettras au courant, en déjeûnant, des
» trames et des conspirations découver-
» tes par maître Simon.

On prétend que Simon dépose
Que tout le mal vient d'un œillet,
De mon côté, sur ce méfait,
Je vais interroger la rose.

» Et demain, à mon tour, je te dirai ce
» qu'Arthémise m'aura répondu.

» Ton ami,

» Lorin. »

« Rien de nouveau, répondit Mau-
» rice, dors en paix cette nuit et déjeûne
» sans moi demain, attendu que vu les
» incidens de là journée, je ne sortirai
» probablement pas avant midi.

» Je voudrais être le zéphir pour avoir
» le droit d'envoyer un baiser à la rose
» dont tu parles.

» Je te permets de siffler ma prose
» comme je siffle tes vers.

» Ton ami,

» Maurice.

» P. S. Je crois au reste que la con-
» spiration n'était qu'une fausse alar-
» me. »

Lorin était en effet sorti vers onze heures avec tout son bataillon, grâce à la motion brutale du cordonnier.

Il s'était consolé de cette humiliation avec un quatrain et, ainsi qu'il le disait dans ce quatrain, il était allé chez Arthémise.

Arthémise fut enchantée de voir arriver Lorin. Le temps était magnifique, comme nous l'avons dit ; elle proposa, le long des quais, une promenade qui fut acceptée.

Ils avaient suivi le port au charbon tout en causant politique, Lorin racontant son expulsion du Temple et cherchant à deviner quelles circonstances avaient pu la provoquer quand, en arrivant à la hauteur de la rue des Barres, ils aperçurent une bouquetière qui, comme eux, remontait la rive droite de la Seine.

— Ah ! citoyen Lorin, dit Arthémise, tu vas, je l'espère bien, me donner un bouquet.

— Comment donc, dit Lorin, deux si la chose vous est agréable.

Et tous deux doublèrent le pas pour joindre la bouquetière qui, elle-même suivait son chemin d'un pas fort rapide.

En arrivant au Pont-Marie, la jeune fille s'arrêta et, se penchant au dessus du parapet, vida sa corbeille dans la rivière.

Les fleurs séparées tourbillonnèrent un instant dans l'air. Les bouquets, entraînés par leur pesanteur, tombèrent plus rapidement, puis bouquets et fleurs surnageant à la surface suivirent le cours de l'eau.

— Tiens! dit Arthémise en regardant la bouquetière qui faisait un si étrange commerce ; on dirait..... mais oui..... mais non..... mais si..... Ah! que c'est bizarre!

La bouquetière mit un doigt sur ses lèvres comme pour prier Arthémise de garder le silence et disparut.

— Qu'est-ce donc? dit Lorin, connaissez-vous cette mortelle, déesse?

— Non. J'avais cru d'abord... Mais certainement je me suis trompée.

— Cependant elle vous a fait signe, insista Lorin.

— Pourquoi donc est-elle bouquetière ce matin, se demanda Arthémise en s'interrogeant elle-même.

— Vous avouez donc que vous la connaissez, Arthémise? demanda Lorin.

— Oui, répondit Arthémise, c'est une bouquetière à laquelle j'achète quelquefois.

— Dans tous les cas, dit Lorin, cette bouquetière a de singulières façons de débiter sa marchandise.

Et tous deux, après avoir regardé une dernière fois les fleurs qui avaient déjà atteint le pont de bois et reçu une nouvelle impulsion du bras de la rivière qui passe sous ses arches, continuèrent leur route vers la Rapée, où ils comptaient dîner en tête-à-tête.

L'incident n'eut point de suite pour le moment. Seulement, comme il était étrange et présentait un certain caractère mystérieux, il se grava dans l'imagination poétique de Lorin.

Cependant la dénonciation de la femme Tison, dénonciation portée contre Maurice et Lorin, soulevait un grand bruit au club des Jacobins, et Maurice reçut au Temple l'avis de la commune que sa liberté était menacée par l'indignation publique. C'était une invitation au jeune municipal de se cacher s'il était coupable. Mais, fort de sa conscience, Maurice resta au Temple, et on le trouva à son poste lorsqu'on vint pour l'arrêter.

A l'instant même Maurice fut interrogé.

Tout en demeurant dans la ferme résolution de ne mettre en cause aucun des amis dont il était sûr, Maurice, qui n'était pas homme à se sacrifier ridiculement par le silence comme un héros de roman, demanda la mise en cause de la bouquetière.

Il était cinq heures du soir lorsque Lorin rentra chez lui : il apprit à l'instant même l'arrestation de Maurice et la demande que celui-ci avait faite.

La bouquetière du Pont-Marie jetant

ses fleurs dans la Seine lui revint aussitôt à l'esprit. Ce fut une révélation subite. Cette bouquetière étrange, cette coïncidence des quartiers, ce demi-aveu d'Arthémise, tout lui criait instinctivement que là était l'explication du mystère dont Maurice demandait la révélation.

Il bondit hors de sa chambre, descendit les quatre étages comme s'il eût eu des ailes et courut chez la déesse Raison, qui brodait des étoiles d'or sur une robe de gaze bleue.

C'était sa robe de divinité.

— Trêve d'étoiles, chère amie, dit Lorin. On a arrêté Maurice ce matin et probablement je serai arrêté ce soir.

— Maurice arrêté !

— Oh! mon Dieu oui, dans ce temps-ci rien de plus commun que les grands événemens, on n'y fait pas attention parce qu'ils vont par troupe, voilà tout. Or, presque tous ces grands événemens arrivent à propos de futilités. Ne négligeons pas les futilités. Quelle était cette bouquetière que nous avons rencontré ce matin, chère amie ?

Arthémise tressaillit.

— Quelle bouquetière ?

— Et pardieu celle qui jetait avec

tant de prodigalité ses fleurs dans la Seine.

— Eh! mon Dieu! dit Arthémise, cet événement est-il donc si grave que vous y reveniez avec une pareille insistance ?

— Si grave, chère amie, que je vous prie de répondre à l'instant même à ma question.

— Mon ami, je ne le puis.

— Déesse, rien ne vous est impossible.

— Je suis engagée d'honneur à garder le silence.

— Et moi je suis engagé d'honneur à vous faire parler.

— Mais pourquoi insistez-vous ainsi ?

— Pour que... Corbleu ! pour que Maurice n'ait pas le cou coupé.

— Ah ! mon Dieu, Maurice guillotiné, s'écria la jeune femme effrayée.

— Sans vous parler de moi, qui, en vérité, n'ose pas répondre d'avoir encore ma tête sur mes épaules.

— Oh ! non, non, dit Arthémise, ce serait la perdre infailliblement.

En ce moment l'officieux de Lorin

se précipita dans la chambre d'Arthémise.

— Ah! citoyen, s'écria-t-il, sauve-toi, sauve-toi !

— Et pourquoi cela ? demanda Lorin.

— Parce que les gendarmes se sont présentés chez toi, et que tandis qu'ils enfonçaient la porte, j'ai gagné la maison voisine par les toits et j'accours te prévenir.

Arthémise jeta un cri terrible. Elle aimait réellement Lorin.

—Arthémise, dit Lorin en se posant, mettez-vous la vie d'une bouquetière en comparaison avec celle de Maurice et celle de votre amant. S'il en est ainsi, je vous déclare que je cesse de vous tenir pour la déesse Raison, et que je vous proclame la déesse Folie.

— Pauvre Héloïse, s'écria l'ex-danseuse de l'Opéra, ce n'est point ma faute si je te trahis.

— Bien, bien! chère amie, dit Lorin en présentant un papier à Arthémise. Vous m'avez déjà gratifié du nom de baptême ; donnez-moi maintenant le nom de famille et l'adresse.

— Oh! l'écrire, jamais, jamais, s'écria Arthémise ; vous le dire, à la bonne heure.

— Dites-le donc et soyez tranquille, je ne l'oublierai pas.

Et Arthémise donna de vive voix le nom et l'adresse de la fausse bouquetière à Lorin.

Elle s'appelait Héloïse Tison et demeurait rue des Nonandières, 24.

A ce nom Lorin jeta un cri et s'enfuit à toutes jambes.

Il n'était pas au bout de la rue qu'une lettre arrivait chez Arthémise.

Cette lettre ne contenait que ces trois lignes :

« Pas un mot sur moi, chère
» amie, la révélation de mon nom
» me perdrait infailliblement... At-
» tends à demain pour me nom-
» mer, car ce soir j'aurai quitté Pa-
» ris.

» Ton Héloïse. »

— Oh! mon Dieu, s'écria la future déesse, si j'avais pu deviner cela, j'eusse attendu jusqu'à demain.

Et elle s'élança vers la fenêtre pour rappeler Lorin, s'il était encore temps, mais il avait disparu.

V

La mère et la fille.

Nous avons déjà dit qu'en quelques heures la nouvelle de cet événement s'était répandue dans tout Paris. En effet, il y avait à cette époque des indiscrétions bien faciles à comprendre de la part d'un gouvernement dont la politique se nouait et se dénouait dans la rue.

La rumeur gagna donc, terrible et menaçante la Vieille-rue-Saint-Jacques, et deux heures après l'arrestation de Maurice, on y apprenait cette arrestation.

Grâce à l'activité de Simon, les détails du complot avaient promptement jailli hors du Temple; seulement, comme chacun brodait sur le fond, la vérité arriva quelque peu altérée chez le maître tanneur; il s'agissait, disait-on, d'une fleur empoisonnée qu'on aurait fait passer à la reine, et à l'aide de laquelle l'Autrichienne devait endormir ses gardes pour sortir du Temple; en outre, à ces bruits, s'étaient joints certains soupçons sur la fidélité du bataillon congédié la veille par Santerre. De sorte qu'il y avait déjà plusieurs victimes désignées à la haine du peuple.

Mais Vieille-rue-Saint-Jacques on ne se trompait point, et pour cause, sur la nature de l'événement, et Morand d'un côté, et Dixmer de l'autre, sortirent aussitôt, laissant Geneviève en proie au plus violent désespoir.

En effet, s'il arrivait malheur à Maurice, c'était Geneviève qui était la cause de ce malheur. C'était elle qui avait conduit par la main l'aveugle jeune homme jusque dans le cachot où il était renfermé et duquel il ne sortirait, selon toute probabilité, que pour marcher à l'échafaud.

Mais, en tout cas, Maurice ne paierait pas de sa tête son dévouement au caprice de Geneviève. Si Maurice était condamné, Geneviève allait s'accuser elle-même au tribunal, elle avouait tout. Elle assumait la responsabilité sur elle, sur elle seule, bien entendu, et aux dépens de sa vie, elle sauvait Maurice.

Geneviève, au lieu de frémir à cette pensée de mourir pour Maurice, y trouvait au contraire une amère félicité.

Elle aimait le jeune homme, elle l'aimait plus qu'il ne convenait à une femme qui ne s'appartenait pas. C'était pour elle un moyen de reporter à Dieu son âme pure et sans tache comme elle l'avait reçue de lui.

En sortant de la maison, Morand et Dixmer s'étaient séparés. Dixmer s'achemina vers la rue de la Corderie et Morand courut à la rue des Nonandières. En arrivant au bout du Pont-Marie, ce dernier aperçut cette foule d'oisifs et de curieux qui stationnent à Paris pendant ou après un événement, sur la place où cet événement a eu lieu, comme les corbeaux stationnent sur un champ de bataille.

A cette vue, Morand s'arrêta tout court; les jambes lui manquaient, il fut forcé de s'appuyer au parapet du pont.

Enfin il reprit, après quelques secondes, cette puissance merveilleuse que, dans les grandes circonstances, il avait sur lui-même, se mêla aux groupes, interrogea et apprit que dix minutes auparavant on venait d'enlever, rue des Nonandières, 24, une jeune femme coupable bien certainement du crime dont elle avait été accusée, puisqu'on l'avait surprise occupée à faire ses paquets.

Morand s'informa du club dans lequel la pauvre fille devait être interrogée. Il apprit que c'était devant la section-mère qu'elle avait été conduite ; et il s'y rendit aussitôt.

Le club regorgeait de monde. Cependant, à force de coups de coude et de coups de poings, Morand parvint à se glisser dans une tribune. La première chose qu'il aperçut fut la haute taille, la noble figure, la mine dédaigneuse de Maurice, debout au banc des accusés, et écrasant de son regard Simon qui pérorait.

— Oui, citoyens, criait Simon, oui, la citoyenne Tison accuse le citoyen Lindey et le citoyen Lorin. Le citoyen

Lindey parle d'une bouquetière sur laquelle il veut rejeter son crime, mais je vous en préviens d'avance, la bouquetière ne se retrouvera point; c'est un complot formé par une société d'aristocrates qui se rejettent la balle les uns aux autres, comme des lâches qu'ils sont. Vous avez bien vu d'ailleurs que le citoyen Lorin avait décampé de chez lui quand on s'y est présenté. Eh bien! il ne se retrouvera pas plus que la bouquetière.

— Tu en as menti, Simon, dit une voix furieuse, et il se retrouvera, car le voici.

Et Lorin fit irruption dans la salle.

— Place à moi, cria-t-il en bousculant les spectateurs; place.

Et il alla se ranger auprès de Maurice.

Cette entrée de Lorin, faite tout naturellement, sans manière, sans emphase, mais avec toute la franchise et toute la vigueur inhérentes au caractère du jeune homme, produisit le plus grand effet sur les tribunes, qui se mirent à applaudir et à crier bravo.

Maurice se contenta de sourire et de tendre la main à son ami en homme qui s'était dit à lui-même : Je suis sûr de ne pas demeurer longtemps seul au banc des accusés.

Les spectateurs regardaient avec un

intérêt visible ces deux beaux jeunes gens, qu'accusait comme un démon jaloux de la jeunesse et de la beauté l'immonde cordonnier du Temple.

Celui-ci s'aperçut de la mauvaise impression qui commençait à s'appesantir sur lui. Il résolut de frapper le dernier coup.

— Citoyens, hurla-t-il, je demande que la généreuse citoyenne Tison soit entendue. Je demande qu'elle parle ! Je demande qu'elle accuse !

— Citoyens, dit Lorin, je demande qu'auparavant la jeune bouquetière qui vient d'être arrêtée et qu'on va sans doute amener devant vous soit entendue.

— Non, dit Simon, c'est encore quelque faux témoin, quelque partisan des aristocrates. D'ailleurs la citoyenne Tison brûle du désir d'éclairer la justice.

Pendant ce temps, Lorin parlait bas à Maurice.

— Oui, crièrent les tribunes, oui, la déposition de la femme Tison ; oui, oui, qu'elle dépose.

— La citoyenne Tison est-elle dans la salle ? demanda le président.

— Sans doute qu'elle y est, s'écria

Simon. Citoyenne Tison, dis donc que tu es là.

— Me voilà, mon président, dit la geôlière ; mais si je dépose, me rendra-t-on ma fille ?

— Ta fille n'a rien à faire avec l'affaire qui nous occupe, dit le président ; dépose d'abord et puis ensuite adresse-toi à la commune pour redemander ton enfant.

— Entends-tu, le citoyen président t'ordonne de déposer, cria Simon ; dépose donc tout de suite.

— Un instant, dit en se retournant vers Maurice le président étonné du calme de cet homme ordinairement si fougueux, un instant. Citoyen municipal, n'as-tu rien à dire d'abord ?

— Non, citoyen président, sinon qu'avant d'appeler lâche et traître un homme tel que moi, Simon aurait mieux fait d'attendre qu'il fût mieux instruit.

— Tu dis, tu dis, répéta Simon avec cet accent railleur de l'homme du peuple particulier à la plèbe parisienne.

— Je dis, Simon, reprit Maurice avec plus de tristesse que de colère, que tu seras cruellement puni tout à l'heure quand tu vas voir ce qui va arriver.

— Et que va-t-il donc arriver? demanda Simon.

— Citoyen président, reprit Maurice sans répondre à son hideux accusateur, je me joins à mon ami Lorin pour te demander que la jeune fille qui vient d'être arrêtée soit entendue avant qu'on fasse parler cette pauvre femme, à qui l'on a sans doute soufflé sa déposition.

— Entends-tu, citoyenne, cria Simon, entends-tu, on dit là-bas que tu es un faux témoin?

— Moi un faux témoin, dit la femme Tison, ah! tu vas voir; attends, attends.

— Citoyen, dit Maurice, par pitié,

ordonne à cette malheureuse de se taire.

— Ah! tu as peur, cria Simon, tu as peur. Citoyen président, je requiers la déposition de la citoyenne Tison.

— Oui, oui, la déposition! crièrent les tribunes.

— Silence! cria le président; voici la commune qui revient.

En ce moment on entendit une voiture qui roulait au dehors avec un grand bruit d'armes et de hurlemens.

Simon se retourna inquiet vers la porte.

— Quitte la tribune, lui dit le président, tu n'as plus la parole.

Simon descendit.

En ce moment des gendarmes entrèrent avec un flot de curieux, bientôt refoulé, et une femme fut poussée vers le prétoire.

— Est-ce elle? demanda Lorin à Maurice.

— Oui, oui, c'est elle, dit celui-ci; Oh! la malheureuse femme! elle est perdue!

— La bouquetière! la bouquetière! murmurait-on des tribunes, que la curiosité agitait; c'est la bouquetière!

— Je demande avant toute chose la déposition de la femme Tison, hurla le cordonnier ; tu lui avais ordonné de déposer, président, et tu vois qu'elle ne dépose pas.

La femme Tison fut appelée et entama une dénonciation terrible, circonstanciée. Selon elle, la bouquetière était coupable, il est vrai, mais Maurice et Lorin étaient ses complices.

Cette dénonciation produisit un effet indicible sur le public.

Cependant Simon triomphait.

— Gendarmes, amenez la bouquetière, cria le président.

— Oh ! c'est affreux ! murmura Morand en cachant sa tête entre ses deux mains.

La bouquetière fut appelée et se plaça au bas de la tribune, vis-à-vis de la femme Tison dont le témoignage venait de rendre capital le crime dont on l'accusait.

Alors elle releva son voile.

— Héloïse ! s'écria la femme Tison, ma fille.... toi ici...

— Oui, ma mère, répondit doucement la jeune femme.

— Et pourquoi es-tu entre deux gendarmes ?

— Parce que je suis accusée, ma mère !

— Toi... accusée ! s'écria la femme Tison avec angoisse, et par qui ?

— Par vous, ma mère !

Un silence effrayant, silence de mort, vint s'abattre tout à coup sur ces masses bruyantes, et le sentiment douloureux de cette horrible scène étreignit tous les cœurs.

— Sa fille ! chuchottèrent des voix basses et comme dans le lointain, sa fille, la malheureuse !

Maurice et Lorin regardaient l'accusatrice et l'accusée avec un sentiment de profonde commisération et de douleur respectueuse.

Simon, tout en désirant voir la fin de cette scène, dans laquelle il espérait que Maurice et Lorin demeureraient compromis, essayait de se soustraire aux regards de la femme Tison, qui roulait autour d'elle un œil égaré.

— Comment t'appelles-tu, citoyenne? dit le président, ému lui-même, à la jeune fille calme et résignée.

— Héloïse Tison, citoyen.

— Quel âge as-tu ?

— Dix-neuf ans.

— Où demeures-tu ?

— Rue des Nonandières, n° 24.

— Est-ce toi qui as vendu au citoyen municipal Lindey, que voici sur ce banc, un bouquet d'œillets, ce matin ?

La fille Tison se tourna vers Maurice, et après l'avoir regardé :

— Oui, citoyen, c'est moi, dit-elle.

La femme Tison regardait elle-même sa fille avec des yeux dilatés par l'épouvante.

— Sais-tu que chacun de ces œillets

contenait un billet adressé à la veuve Capet?

— Je le sais, répondit l'accusée.

Un mouvement d'horreur et d'admiration se répandit dans la salle.

— Pourquoi offrais-tu ces œillets au citoyen Maurice?

— Parce que je lui voyais l'écharpe municipale, et que je me doutais qu'il allait au Temple.

— Quels sont tes complices?

— Je n'en ai pas.

— Comment! tu as fait le complot à toi toute seule?

— Si c'est un complot, je l'ai fait à moi toute seule.

— Mais le citoyen Maurice savait-il.....

— Que ces fleurs contenaient des billets ?

— Oui.

— Le citoyen Maurice est municipal ; le citoyen Maurice pouvait voir la reine en tête-à-tête, à toute heure du jour et de la nuit. Le citoyen Maurice, s'il eût eu quelque chose à dire à la reine, n'avait pas besoin d'écrire, puisqu'il pouvait parler.

— Et tu ne connaissais pas le citoyen Maurice ?

— Je l'avais vu venir au Temple du temps où j'y étais avec ma pauvre mère; mais je ne le connaissais pas autrement que de vue.

— Vois-tu, misérable! s'écria Lorin en menaçant du poing Simon, qui, abaissant la tête, attéré de la tournure que prenaient les affaires, essayait de fuir inaperçu. Vois-tu ce que tu as fait?

Tous les regards se tournèrent vers Simon avec un sentiment de profonde indignation.

Le président continua.

— Puisque c'est toi qui as remis le bouquet, puisque tu savais que chaque fleur contenait un papier, tu dois savoir aussi ce qu'il y avait d'écrit sur ce papier ?

— Sans doute, je le sais.

— Eh bien, alors, dis-nous ce qu'il y avait sur ce papier ?

— Citoyen, dit avec fermeté la jeune fille, j'ai dit tout ce que je pouvais et surtout tout ce que je voulais dire.

— Et tu refuses de répondre ?

— Oui.

— Tu sais à quoi tu t'exposes ?

— Oui.

— Tu espères peut-être en ta jeunesse, en ta beauté?

— Je n'espère qu'en Dieu.

— Citoyen Maurice Lindey, dit le président, citoyen Hyacinthe Lorin, vous êtes libres, la commune reconnaît votre innocence et rend justice à votre civisme. Gendarmes, conduisez la citoyenne Héloïse à la prison de la section.

A ces paroles, la femme Tison sembla se réveiller, jeta un effroyable cri et voulut se précipiter pour embrasser une fois encore sa fille. Mais les gendarmes l'en empêchèrent.

vous pardonne, ma mère, cria

la jeune fille pendant qu'on l'entraînait.

La femme Tison poussa un rugissement sauvage, et tomba comme morte.

— Noble fille! murmura Morand avec une douloureuse émotion.

VI

Le billet.

A la suite des événemens que nous venons de raconter, une dernière scène vint se joindre comme complément de ce drame qui commençait à se dérouler dans ses sombres péripéties.

La femme Tison, foudroyée par ce qui venait de se passer, abandonnée de ceux qui l'avaient escortée, car il y a quelque chose d'odieux même dans le crime involontaire, et c'est un crime bien grand que celui d'une mère qui tue son enfant, fût-ce même par excès de zèle patriotique, la femme Tison, après être demeurée quelque temps dans une immobilité absolue, releva la tête, regarda autour d'elle égarée, et se voyant seule, poussa un cri et s'élança vers la porte.

A la porte, quelques curieux, plus acharnés que les autres, stationnaient encore; ils s'écartèrent dès qu'ils la virent, en se la montrant du doigt et en se disant les uns aux autres :

— Vois-tu cette femme ? c'est celle qui a dénoncé sa fille.

La femme Tison poussa un cri de désespoir et s'élança dans la direction du Temple.

Mais arrivée au tiers de la rue Michel-le-Comte, un homme vint se placer devant elle, et lui barrant le chemin en se cachant la figure dans son manteau :

— Tu es contente, lui dit-il, tu as tué ton enfant.

— Tué mon enfant, tué mon enfant! s'écria la pauvre mère ; non, non, il n'est pas possible.

— Cela est ainsi cependant, car ta fille est arrêtée.

— Et où l'a-t-on conduite ?

— A la Conciergerie ; de là, elle partira pour le tribunal révolutionnaire, et tu sais ce que deviennent ceux qui y vont.

— Rangez-vous, dit la femme Tison, et laissez-moi passer.

— Où vas-tu ?

— A la Conciergerie.

— Qu'y vas-tu faire ?

— La voir encore.

— On ne te laissera pas entrer.

— On me laissera bien coucher sur la porte, vivre là, dormir là. J'y resterai jusqu'à ce qu'elle sorte, et je la verrai au moins encore une fois.

— Si quelqu'un te promettait de te rendre ta fille ?

— Que dites-vous ?

— Je te demande, en supposant qu'un homme te promît de te rendre ta fille, si tu ferais ce que cet homme te dirait de faire.

— Tout pour ma fille, tout pour mon Héloïse, s'écria la femme en se tordant les bras avec désespoir. Tout, tout, tout.

— Ecoute, reprit l'inconnu, c'est Dieu qui te punit.

— Et de quoi ?

— Des tortures que tu as infligées à une pauvre mère comme toi.

— De qui voulez-vous parler ? Que voulez-vous dire ?

— Tu as souvent conduit ta prisonnière à deux doigts du désespoir où tu marches toi-même en ce moment, par tes révélations et tes brutalités.

Dieu te punit en conduisant à la mort celle fille que tu aimais tant.

— Vous avez dit qu'il y avait un homme qui pouvait la sauver. Où est cet homme ? Que veut-il ? que demande-t-il ?

— Cet homme veut que tu cesses de persécuter la reine, que tu lui demandes pardon des outrages que tu lui as faits, et que si tu t'aperçois que cette femme, qui, elle aussi, a une mère qui souffre, qui pleure, qui se désespère, par une circonstance impossible, par quelque miracle du ciel, est sur le point de se sauver, au lieu de t'opposer à sa fuite, tu y aides de tout ton pouvoir.

— Ecoute, citoyen, dit la femme Tison, c'est toi, n'est-ce pas, qui es cet homme?

— Eh bien?

— C'est toi qui promets de sauver ma fille?

L'inconnu se tut.

— Me le promets-tu? T'y engages-tu? Me le jures-tu? Réponds.

— Ecoute. Tout ce qu'un homme peut faire pour sauver une femme, je le ferai pour sauver ton enfant.

— Il ne peut pas la sauver! s'écria la femme Tison en poussant des hurlemens; il ne peut pas la sauver. Il mentait lorsqu'il promettait de la sauver.

— Fais ce que tu pourras pour la reine, je ferai ce que je pourrai pour ta fille.

— Que m'importe la reine, à moi ! c'est une mère qui a une fille, voilà tout. Mais si l'on coupe la tête à quelqu'un, ce ne sera pas à sa fille, ce sera à elle. Qu'on me coupe le cou et qu'on sauve ma fille. Qu'on me mène à la guillotine, à la condition qu'il ne tombera pas un seul cheveu de sa tête, et j'irai à la guillotine en chantant :

<blockquote>
Ah! ça ira, ça ira, ça ira,
Les aristocrates à la lanterne...
</blockquote>

Et la femme Tison se mit à chanter avec une voix effrayante, puis tout à coup elle interrompit son chant par un grand éclat de rire.

L'homme au manteau parut lui-même effrayé de ce commencement de folie et fit un pas en arrière.

— Oh! tu ne t'éloigneras pas comme cela, dit la femme Tison au désespoir et en le retenant par son manteau; on ne vient pas dire à une mère fais cela et je sauverai ton enfant, pour lui dire après cela : peut-être. La sauveras-tu ?

— Oui.

— Quand cela ?

— Le jour où on la conduira de la Conciergerie à l'échafaud.

— Pourquoi attendre ? pourquoi pas cette nuit, ce soir, à l'instant même ?

— Parce que je ne puis pas.

— Ah ! tu vois bien, tu vois bien, s'écria la femme Tison ; tu vois bien que tu ne peux pas, mais moi, je peux.

— Que peux-tu ?

— Je peux persécuter la prisonnière, comme tu l'appelles ; je peux surveiller la reine, comme tu dis, aristocrate que tu es. Je puis entrer à toute heure, jour et nuit, dans la prison, et je ferai tout cela. Quant à ce qu'elle se sauve, nous verrons. Ah! nous verrons bien, puisqu'on ne veut pas sauver ma fille, si elle doit se sauver, elle. Tête pour tête, veux-tu? Madame Veto a été reine, je le sais bien; Héloïse Tison n'est qu'une pauvre fille, je le sais bien, mais sur la guillotine nous sommes tous égaux.

— Eh bien, soit! dit l'homme au manteau ; sauve-la, je la sauverai.

— Jure.

— Je le jure.

— Sur quoi?

— Sur ce que tu voudras.

— As-tu une fille?

— Non.

— Eh bien, dit la femme Tison en laissant retomber ses deux bras avec découragement, sur quoi veux-tu jurer alors?

— Écoute, je te jure sur Dieu.

— Bah! répondit la femme Tison; tu sais bien qu'ils ont défait l'ancien, et qu'ils n'ont pas encore fait le nouveau.

— Je te jure par la tombe de mon père.

— Ne jure pas par une tombe, cela

lui porterait malheur. Oh! mon Dieu, mon Dieu! quand je pense que dans trois jours peut-être moi aussi je jurerai par la tombe de ma fille. Ma fille! ma pauvre Héloïse! s'écria la femme Tison avec un tel éclat qu'à sa voix, déjà retentissante, plusieurs fenêtres s'ouvrirent.

A la vue de ces fenêtres qui s'ouvraient, un autre homme sembla se détacher de la muraille et s'avança vers le premier.

— Il n'y a rien à faire avec cette femme, dit le premier au second, elle est folle.

— Non, elle est mère, dit celui-ci, et il entraîna son compagnon.

En les voyant s'éloigner la femme Tison sembla revenir à elle.

— Où allez-vous? s'écria-t-elle ; allez vous sauver Héloïse? Attendez-moi alors, je vais avec vous. Attendez-moi, mais attendez-moi donc.

Et la pauvre mère les poursuivit en hurlant, mais au coin de la rue la plus proche, elle les perdit de vue. Et ne sachant plus de quel côté tourner, elle demeura un instant indécise, regardant de tous côtés, et se voyant seule dans la nuit et dans le silence, ce double symbole de la mort, elle poussa un cri déchirant et tomba sans connaissance sur le pavé.

Dix heures sonnèrent.

Pendant ce temps, et comme cette même heure retentissait à l'horloge du Temple, la reine assise dans cette chambre que nous connaissons, près d'une lampe fumeuse, entre sa sœur et sa fille, et cachée aux regards des municipaux par Madame Royale qui, faisant semblant de l'embrasser, relisait un petit billet écrit sur le papier le plus mince qu'on avait pu trouver, avec une écriture si fine qu'à peine si ces yeux, brûlés par les larmes, avaient conservé la force de la déchiffrer.

Le billet contenait ce qui suit :

« Demain, mardi, demandez à des-
» cendre au jardin, ce que l'on vous
» accordera sans difficulté aucune, at-
» tendu que l'ordre est donné de vous
» accorder cette faveur aussitôt que
» vous la demanderez. Après avoir fait
» trois ou quatre tours, feignez d'être
» fatiguée, approchez-vous de la can-
» tine, et demandez à la femme Plu-
» meau la permission de vous asseoir
» chez elle. Là, au bout d'un instant,
» feignez de vous trouver plus mal et
» de vous évanouir. Alors on fermera
» les portes pour qu'on puisse vous
» porter du secours, et vous resterez
» avec Madame Élisabeth et Madame
» Royale. Aussitôt la trappe de la

» cave s'ouvrira, précipitez-vous vous,
» votre sœur et votre fille par cette
» ouverture, et vous êtes sauvées tou-
» tes trois. »

— Mon Dieu! dit madame Royale, notre malheureuse destinée se lasserait-elle ?

— Ou ce billet ne serait-il qu'un piége, reprit madame Élisabeth.

— Non, non, dit la reine; ces caractères m'ont toujours révélé la présence d'un ami mystérieux, mais bien brave et bien fidèle.

— C'est du chevalier, demanda madame Royale.

— De lui-même, répondit la reine.

Madame Elisabeth joignit les mains.

— Relisons le billet chacune de notre côté tout bas, reprit la reine, afin que si l'une de nous oubliait une chose, l'autre s'en souvînt.

Et toutes trois relurent des yeux ; mais comme elles achevaient cette lecture, elles entendirent la porte de leur chambre rouler sur ses gonds. Les deux princesses se retournèrent : la reine seule resta comme elle était ; seulement, par un mouvement presque insensible, elle porta le petit billet à ses cheveux et le glissa dans sa coiffure.

C'était un des municipaux qui ouvrait la porte.

— Que voulez-vous, monsieur, demandèrent ensemble madame Elisabeth et madame Royale.

— Hum! dit le municipal; il me semble que vous vous couchez bien tard ce soir...

— Y a-t-il donc, dit la reine en se retournant avec sa dignité ordinaire, un nouvel arrêté de la Commune qui décide à quelle heure je me mettrai au lit?

— Non, citoyenne, dit le municipal; mais, si c'est nécessaire, on en fera un.

— En attendant, monsieur, dit Marie-Antoinette, respectez, je ne vous dirai pas la chambre d'une reine, mais celle d'une femme.

— En vérité, grommela le municipal, ces aristocrates parlent toujours comme s'ils étaient quelque chose...

Mais, en attendant, soumis par cette dignité hautaine, dans la prospérité, mais que trois ans de souffrances avaient faite calme, il se retira.

Un instant après la lampe s'éteignit, et, comme d'habitude, les trois femmes se déshabillèrent dans les ténèbres, faisant de l'obscurité un voile à leur pudeur.

Le lendemain, à neuf heures du matin, la reine, après avoir relu, enfermée dans les rideaux de son lit, le billet de la veille afin de ne s'écarter en rien des instructions qui y étaient portées, après l'avoir déchiré et réduit en morceaux presque impalpables, s'habilla dans ses rideaux, et, réveillant sa sœur, passa chez sa fille.

Un instant après elle sortit et appela les municipaux de garde.

— Que veux-tu? citoyenne, demanda l'un d'eux en paraissant sur la porte, tandis que l'autre ne se dérangeait pas même de son déjeuner pour répondre à l'appel royal.

— Monsieur, dit Marie-Antoinette, je sors de la chambre de ma fille, et là la pauvre enfant est en vérité bien malade. Ses jambes sont enflées et douloureuses, car elle fait trop peu d'exercice. Or, vous le savez, monsieur, c'est moi qui l'ai condamnée à cette inaction. J'étais autorisée à descendre me promener au jardin ; mais comme pour descendre il me fallait passer devant la porte de la chambre que mon mari habitait de son vivant, au moment de passer devant cette porte, le cœur m'a failli, je n'ai pas eu la force, et je suis remontée, me bornant à la promenade de la terrasse. Maintenant cette promenade est insuffisante à la santé de ma pauvre enfant. Je vous prie donc, citoyen municipal, de réclamer en mon nom auprès du général Santerre l'usage de cette liberté qui m'avait été accordée ; je vous en serai reconnaissante.

La reine avait prononcé ces mots avec un accent si doux et si digne à la fois, elle avait si bien évité toute qualification qui pouvait blesser la pruderie républicaine de son interlocuteur, que celui-ci, qui s'était présenté à elle couvert, comme c'était l'habitude de la plupart de ces hommes, souleva peu à peu son bonnet rouge de dessus sa tête, et, lorsqu'elle eût achevé, la salua en disant :

— Soyez tranquille, madame, on demandera au citoyen général la permission que vous désirez.

Puis en se retirant, comme pour se convaincre lui-même qu'il cédait à l'équité et non à la faiblesse :

— C'est juste, répéta-t-il ; au bout du compte, c'est juste.

— Qu'est-ce qui est juste, demanda l'autre municipal ?

— Que cette femme promène sa fille qui est malade.

— Après... que demande-t-elle ?

— Elle demande à descendre et à se promener une heure dans le jardin.

— Bah! dit l'autre, qu'elle demande à aller à pied du Temple à la place de la Révolution, ça la promènera.

La reine entendit ces mots et pâlit; mais elle puisa dans ces mots un nouveau courage pour le grand événement qui se préparait.

Le municipal acheva son déjeûner et descendit. De son côté, la reine demanda à faire le sien dans la chambre de sa fille, ce qui lui fut accordé.

Madame Royale, pour confirmer le bruit de sa maladie, resta couchée et madame Elisabeth et la reine demeurèrent près de son lit.

A onze heures, comme d'habitude, Santerre arriva. Son arrivée fut, comme à l'ordinaire, annoncée par les tambours qui battirent aux champs, et par l'entrée du nouveau bataillon et des nouveaux municipaux qui venaient relever ceux dont la garde finissait.

Quand Santerre eut inspecté le bataillon sortant et le bataillon entrant, lorsqu'il eut fait parader son lourd cheval, aux membres trapus, dans la cour du Temple, il s'arrêta un instant : c'était le moment où ceux qui avaient à lui parler lui adressaient leurs réclamations, leurs dénonciations ou leurs demandes.

Le municipal profita de cette halte pour s'approcher de lui.

— Que veux-tu? lui dit brusquement Santerre.

— Citoyen, dit le municipal, je viens te dire de la part de la reine ..

— Qu'est-ce que cela, la reine? interrompit Santerre.

— Ah! c'est vrai, dit le municipal étonné lui-même de s'être laissé entraîner. — Qu'est-ce que je dis donc là, moi? Est-ce que je suis fou? Je viens te dire de la part de madame Veto...

— A la bonne heure, dit Santerre, comme cela je comprends. Eh bien! que viens-tu me dire? voyons.

— Je viens te dire que la petite Veto est malade, à ce qu'il paraît, faute d'air et de mouvement.

— Eh bien! faut-il encore s'en prendre de cela à la nation? La nation lui avait permis la promenade dans le jardin; elle l'a refusée, bonsoir.

— C'est justement cela, elle se repent maintenant, et elle demande si tu veux permettre qu'elle descende.

— Il n'y a pas de difficulté à cela. Vous entendez, vous autres ? dit Santerre en s'adressant à tout le bataillon, la veuve Capet va descendre pour se promener dans le jardin. La chose lui est accordée par la nation ; mais prenez garde qu'elle ne se sauve par dessus les murs, car si cela arrive, je vous fais couper la tête à tous.

Un éclat de rire homérique accueillit la plaisanterie du citoyen général.

— Et maintenant que vous voilà

prévenus, dit Santerre, adieu. Je vais à la Convention. Il paraît qu'on vient de rejoindre Roland et Barbaroux, et qu'il s'agit de leur délivrer un passe-port pour l'autre monde.

C'était cette nouvelle qui mettait le citoyen général de si plaisante humeur.

Santerre partit au galop.

Le bataillon qui descendait sa garde sortit derrière lui. Enfin les municipaux cédèrent la place aux nouveaux venus, lesquels avaient reçu les instructions de Santerre relativement à la reine.

L'un des municipaux monta près de

Marie-Antoinette et lui transmit cette décision.

La reine remercia le municipal et s'aperçut, tout en le remerciant, que sa fille rougissait et que sa sœur venait de remercier mentalement Dieu.

— Oh! pensa-t-elle en regardant le ciel à travers sa fenêtre, votre colère se reposerait-elle, Seigneur, et votre droite terrible serait-elle lasse de s'appesantir sur nous?

— Merci, monsieur, dit-elle au municipal avec ce charmant sourire qui perdit Barnave et rendit tant d'hommes insensés, merci!

Puis, se retournant vers son petit

chien qui sautait après elle tout en marchant sur les pattes de derrière, car il comprenait aux regards de sa maîtresse qu'il se passait quelque chose d'extraordinaire :

— Allons, Black, dit elle, nous allons nous promener.

Le petit chien se mit à japper et à bondir, et après avoir bien regardé le municipal, comprenant sans doute que c'était de cet homme que venait la nouvelle qui rendait sa maîtresse joyeuse, il s'approcha de lui tout en rampant, en faisant frétiller sa longue queue soyeuse, et se hasarda jusqu'à le caresser.

Cet homme, qui peut-être fût demeuré insensible aux prières de la reine, se sentit tout ému aux caresses du chien.

— Rien que pour cette petite bête, citoyenne Capet, vous eussiez dû sortir plus souvent, dit-il. L'humanité commande que l'on ait soin de toutes les créatures.

— A quelle heure sortirons-nous, monsieur? demanda la reine. Ne pensez-vous pas que le grand soleil nous ferait du bien?

— Vous sortirez quand vous voudrez, dit le municipal; il n'y a pas de recommandation particulière à ce sujet.

Cependant, si vous voulez sortir à midi, comme c'est le moment où l'on change les factionnaires, cela fera moins de mouvement dans la tour.

— Eh bien! à midi soit, dit la reine, en appuyant la main sur son cœur pour en comprimer les battemens.

Et elle regarda cet homme qui semblait moins dur que ses confrères, et qui, peut-être, pour prix de sa condescendance aux désirs de la prisonnière, allait perdre la vie dans la lutte que méditaient les conjurés.

Mais aussi en ce moment où une

certaine compassion allait amollir le cœur de la femme, l'âme de la reine se réveilla; elle songea au 10 août et aux cadavres de ses amis jonchant les tapis de son palais. Elle songea au 2 septembre et à la tête de la princesse de Lamballe surgissant au bout d'une pique devant ses fenêtres. Elle songea au 21 janvier et à son mari mourant sur un échafaud au bruit des tambours qui éteignaient sa voix. Enfin elle songea à son fils, pauvre enfant dont plus d'une fois elle avait, sans pouvoir lui porter secours, entendu de sa chambre les cris de douleur, et son cœur s'endurcit.

— Hélas! murmura-t-elle, le malheur est comme le sang des hydres antiques; il féconde des moissons de nouveaux malheurs!

VII

Black.

Le municipal sortit pour appeler ses collègues et prendre lecture du procès-verbal laissé par les municipaux sortans.

La reine resta seule avec sa sœur et sa fille.

Toutes trois se regardèrent.

Madame Royale se jeta dans les bras de la reine et la tint embrassée.

Madame Élisabeth s'approcha de sa sœur et lui tendit la main.

— Prions Dieu, dit la reine; mais prions ainsi, afin que personne ne se doute que nous prions.

Il y a des époques fatales où la prière, cet hymne naturel que Dieu a mis au fond du cœur de l'homme, devient suspecte aux yeux des hommes, car la prière est un acte d'espoir ou de reconnaissance. Or, aux yeux de ses gardiens, l'espoir ou la reconnaissance était une cause d'inquiétude, puisque la reine ne pouvait espérer qu'une seule chose, la fuite ; puisque la reine ne pouvait remercier Dieu que d'une seule chose, de lui en avoir donné les moyens.

Cette prière mentale achevée, tous trois demeurèrent sans prononcer une parole.

Onze heures trois quarts sonnèrent, puis midi.

Au moment où le dernier coup retentissait sous le timbre de bronze, un bruit d'armes commença d'emplir l'escalier en spirale et de monter jusqu'à la reine.

— Ce sont les sentinelles qu'on relève, dit-elle. On va venir nous chercher.

Elle vit que sa sœur et sa fille pâlissaient.

— Courage, dit-elle en pâlissant elle-même.

— Il est midi, cria-t-on d'en bas. Faites descendre les prisonnières.

— Nous voici, Messieurs, répondit la reine, qui, avec un sentiment presque mêlé de regret, embrassa d'un dernier coup-d'œil et salua d'un dernier regard les murs noirs et les meubles sinon grossiers, du moins bien simples, compagnons de sa captivité.

Le premier guichet s'ouvrit, il donnait sur le corridor. Le corridor était

sombre, et dans cette obscurité les trois
captives pouvaient dissimuler leur émotion. En avant courait le petit Black;
mais lorsqu'on fut arrivé au second
guichet, c'est-à-dire à cette porte dont
Marie-Antoinette essayait de détourner
les yeux, le fidèle animal vint coller
son museau sur les clous à larges têtes,
et, à la suite de plusieurs petits cris
plaintifs, fit entendre un gémissement
douloureux et prolongé. La reine passa
vite sans avoir la force de rappeler son
chien et en cherchant le mur pour
s'appuyer.

Après avoir fait quelques pas, les
jambes manquèrent à la reine et elle
fut forcée de s'arrêter. Sa sœur et sa

fille se rapprochèrent d'elle, et un instant les trois femmes demeurèrent immobiles, formant un groupe douloureux, la mère tenant son front appuyé sur la tête de madame Royale.

Le petit Black vint la rejoindre.

— Eh bien! cria la voix, descend-elle ou ne descend-elle pas?

— Nous voici, dit le municipal qui était resté debout, respectant cette douleur si grande dans sa simplicité.

— Allons, dit la reine.

Et elle acheva de descendre...

Lorsque les prisonnières furent arrivées au bas de l'escalier tournant, en face de la dernière porte sous laquelle le soleil traçait de larges bandes de lumières dorées, le tambour fit entendre un roulement qui appelait la garde, puis il y eut un grand silence provoqué par la curiosité, et la lourde porte s'ouvrit lentement en roulant sur ses gonds criards.

Une femme était assise à terre, ou plutôt couchée dans l'angle de la borne contiguë à cette porte. C'était la femme Tison, que la reine n'avait pas vue depuis vingt-quatre heures, absence qui plusieurs fois dans la soirée de la veille et dans la matinée du jour où l'on se trouvait, avait suscité son étonnement.

La reine voyait déjà le jour, les arbres, le jardin, et au-delà de la barrière qui fermait ce jardin son œil avide allait chercher la petite hutte de la cantine où ses amis l'attendaient sans doute, lorsqu'au bruit de ses pas la femme Tison écarta ses mains, et la reine vit un visage pâle et brisé sous ses cheveux grisonnans.

Le changement était si grand que la reine s'arrêta étonnée.

Alors, avec cette lenteur des gens chez lesquels la raison est absente, elle vint s'agenouiller devant cette porte, fermant le passage à Marie-Antoinette.

— Que voulez-vous, bonne femme? demanda la reine.

— Il a dit qu'il fallait que vous me pardonniez.

— Qui cela? demanda la reine.

— L'homme au manteau, répliqua la femme Tison.

La reine regarda madame Elisabeth et sa fille avec étonnement.

— Allez, allez dit le municipal, laissez passer la veuve Capet; elle a la permission de se promener dans le jardin.

— Je le sais bien, dit la vieille; c'est pour cela que je suis venue l'attendre ici : puisqu'on n'a pas voulu me laisser monter, et que je devais lui demander pardon, il fallait bien que je l'attendisse.

— Pourquoi donc n'a-t-on pas voulu vous laisser monter ? demanda la reine.

La femme Tison se mit à rire.

— Parce qu'ils prétendent que je suis folle ! dit-elle.

La reine la regarda, et elle vit en effet dans les yeux égarés de cette malheureuse, reluire un reflet étrange, cette lueur vague qui indique l'absence de la pensée.

— Oh! mon Dieu! dit-elle, pauvre femme! que vous est-il donc arriv

— Il m'est arrivé... vous ne savez donc pas? dit la femme; mais si... vous le savez bien, puisque c'est pour vous qu'elle est condamnée...

— Qui?

— Héloïse.

— Votre fille?

— Oui, elle... ma pauvre fille!

— Condamnée... mais par qui? comment? pourquoi?

— Parce que c'est elle qui a vendu le bouquet...

— Quel bouquet ?

— Le bouquet d'œillets... Elle n'est pourtant pas bouquetière, reprit la femme Tison, comme si elle cherchait à rappeler ses souvenirs, comment a-t-elle donc pu vendre ce bouquet?

La reine frémit. Un lien invisible rattachait cette scène à la situation présente; elle comprit qu'il ne fallait point perdre de temps dans un dialogue inutile.

— Ma bonne femme, dit-elle, je vous

en prie, laissez-moi passer, plus tard vous me conterez tout cela.

— Non, tout de suite; il faut que vous me pardonniez; il faut que je vous aide à fuir pour qu'il sauve ma fille...

La reine devint pâle comme une morte.

— Mon Dieu! murmura-t-elle en levant les yeux au ciel.

Puis, se retournant vers le municipal :

— Monsieur, dit-elle, ayez la bonté d'écarter cette femme; vous voyez bien qu'elle est folle.

— Allons, allons, la mère, dit le municipal, décampons.

Mais la femme Tison se cramponna à la muraille.

— Non, reprit-elle, il faut qu'elle me pardonne pour qu'il sauve ma fille.

— Mais qui cela?

— L'homme au manteau.

— Ma sœur, dit madame Elisabeth, adressez-lui quelques paroles de consolation.

— Oh! bien volontiers, dit la reine.

En effet, je crois que ce sera le plus court.

Puis se retournant vers la folle :

— Bonne femme, que désirez-vous ? dites.

— Je désire que vous me pardonniez tout ce que je vous ai fait souffrir par les injures que je vous ai dites, par les dénonciations que j'ai faites, et que quand vous verrez l'homme au manteau, vous lui ordonniez de sauver ma fille, puisqu'il fait tout ce que vous voulez.

— Je ne sais ce que vous entendez dire par l'homme au manteau, répondit la reine, mais s'il ne s'agit, pour tranquilliser votre conscience, que d'obtenir de moi le pardon des offenses que vous croyez m'avoir faites, oh! du fond du cœur, pauvre femme! je vous pardonne bien sincèrement, et puissent ceux que j'ai offensés vous pardonner de même.

— Oh! s'écria la femme Tison avec un intraduisible accent de joie, il sauvera donc ma fille, puisque vous m'avez pardonné. Votre main, madame, votre main.

La reine étonnée tendit sans y rien comprendre sa main, que la femme Tison saisit avec ardeur, et sur laquelle elle appuya ses lèvres.

En ce moment la voix enrouée d'un colporteur se fit entendre dans la rue du Temple.

— Voilà, cria-t-il, le jugement et l'arrêt qui condamnent la fille Héloïse Tison à la peine de mort pour crime de conspiration.

A peine ces paroles eurent-elles frappé les oreilles de la femme Tison que sa figure se décomposa, qu'elle se releva sur un genou et qu'elle étendit les bras pour fermer le passage à la reine.

— Oh! mon Dieu, murmura la reine qui n'avait pas perdu un mot de la terrible annonce.

— Condamnée à la peine de mort, s'écria la mère, ma fille condamnée! mon Héloïse perdue! il ne l'a donc pas sauvée et ne peut donc pas la sauver. Il est donc trop tard. Ah!

— Pauvre femme, dit la reine, croyez que je vous plains.

— Toi, dit-elle, et ses yeux s'injectaient de sang. Toi, tu me plains, jamais! jamais!

— Vous vous trompez, je vous plains de tout mon cœur, mais laissez-moi passer.

— Te laisser passer? La femme Tison éclata de rire. Non, non! je te laissais fuir parce qu'il m'avait dit que si je te demandais pardon et que si je te laissais fuir, ma fille serait sauvée ; mais puisque ma fille est condamnée, puisque ma fille va mourir, tu ne te sauveras pas.

— A moi, messieurs, venez à mon aide, s'écria la reine. Mon Dieu ! mon Dieu ! mais vous voyez bien que cette femme est folle.

— Non, je ne suis pas folle, non, je sais ce que je dis, s'écria la femme Tison. Voyez-vous, c'est vrai, il y avait une conspiration, c'est Simon qui l'a découverte. C'est ma fille, ma pauvre fille qui a vendu le bouquet. Elle l'a avoué devant le tribunal révolutionnaire, un bouquet d'œillets, il y avait des papiers dedans.

— Madame, dit la reine, au nom du ciel !

On entendit de nouveau la voix du crieur qui répétait :

« — Voilà le jugement et l'arrêt qui condamnent la fille Héloïse Tison à la peine de mort pour crime de conspiration. »

— L'entends-tu, hurla la folle autour de laquelle se groupaient les gardes nationaux. L'entends-tu ? condamnée à mort! c'est pour toi, pour toi qu'on va tuer ma fille, entends-tu pour toi, l'Autrichienne.

— Messieurs, dit la reine, au nom du ciel, si vous ne voulez pas me débarrasser de cette pauvre folle, laissez-moi du moins remonter, je ne puis supporter les reproches de cette femme : tout injustes qu'ils sont, ils me brisent.

Ft la reine détourna la tête en laissant échapper un douloureux sanglot.

— Oui, oui, pleure, hypocrite, cria la folle, ton bouquet lui coûte cher... d'ailleurs, elle devait s'en douter ; c'est ainsi que meurent tous ceux qui te servent. Tu portes malheur, l'Autrichienne : on a tué tes amis, ton mari, tes défenseurs, enfin on tue ma fille.

Quand donc te tuera-t-on à ton tour pour que personne ne meure plus pour toi ?

Et la malheureuse hurla ces dernières paroles en les accompagnant d'un geste de menace.

La reine cacha son visage entre ses mains.

— Malheureuse ! hasarda madame Elisabeth ; oublies-tu que celle à qui tu parles est la reine ?

— La reine ! elle... la reine ! répéta la femme Tison dont la démence s'exaltait d'instans en instans, si c'est la reine qu'elle défende aux bourreaux de tuer ma fille... qu'elle fasse grâce à ma pauvre Héloïse... les rois font grâce... Allons! rends-moi mon enfant et je te reconnaîtrai pour la reine... Jusque-là tu n'es qu'une femme et une femme qui porte malheur, une femme qui tue!...

— Ah! par pitié, madame, s'écria Marie-Antoinette; voyez ma douleur, voyez mes larmes.

Et Marie-Antoinette essaya de passer, non plus dans l'espérance de fuir, mais machinalement, mais pour échapper à cette effroyable obsession.

— Oh! tu ne passeras pas, hurla la vieille, tu veux fuir, madame Veto...

je le sais bien, l'homme au manteau me l'a dit; tu veux aller rejoindre les Prussiens... mais tu ne fuiras pas, continua-t-elle en se cramponnant à la robe de la reine! je t'en empêcherai, moi! A la lanterne, madame Veto! Aux armes, citoyens! Marchons... qu'un sang impur...

Et les bras tordus, les cheveux gris épars, le visage pourpre, les yeux noyés dans le sang, la malheureuse tomba renversée en déchirant le lambeau de la robe à laquelle elle était cramponnée.

La reine éperdue, mais débarrassée au moins de l'insensée, allait fuir du côté du jardin, quand tout à coup un cri terrible, mêlé d'aboiemens et accompagné d'une rumeur étrange, vint tirer de leur stupeur les gardes nationaux qui, attirés par cet scène, entouraient Marie-Antoinette.

— Aux armes! aux armes! trahison! criait un homme que la reine reconnut à sa voix pour le cordonnier Simon.

Près de cet homme qui, le sabre en main, gardait le seuil de la hutte, le petit Black aboyait avec fureur.

— Aux armes, tout le poste! cria Simon. Nous sommes trahis. Faites rentrer l'Autrichienne. Aux armes! aux armes!

Un officier accourut. Simon lui parla, montrant avec des yeux enflammés l'intérieur de la cabine. L'officier cria à son tour aux armes!

— Black! Black! appela la reine en faisant quelques pas en avant.

Mais le chien ne lui répondit pas et continua d'aboyer avec fureur.

Les gardes nationaux coururent aux armes et se précipitèrent vers la cabine, tandis que les municipaux s'emparaient de la reine, de sa sœur et de sa fille, et forçaient les prisonnières à repasser le guichet qui se referma derrière elles.

— Apprêtez vos armes, crièrent les municipaux aux sentinelles.

Et l'on entendit le bruit des fusils qu'on armait.

— C'est là, c'est là, sous la trappe, criait Simon. J'ai vu remuer la trappe, j'en suis sûr. D'ailleurs, le chien de l'Autrichienne, un bon petit chien qui n'était pas du complot, lui, a jappé contre les conspirateurs qui sont probablement dans la cave. Eh! tenez, il jappe encore.

En effet Black, animé par les cris de Simon, redoubla ses aboiemens.

L'officier saisit l'anneau de la trappe. Deux grenadiers des plus vigoureux, voyant qu'il ne pouvait venir à bout de la soulever, l'y aidèrent, mais sans plus de succès.

— Vous voyez bien qu'ils retiennent la trappe en dedans, dit Simon. Feu! à travers la trappe, mes amis, feu!

— Eh! cria madame Plumeau, vous allez casser mes bouteilles.

— Feu! répéta Simon, feu!

— Tais-toi, braillard, fit l'officier, et vous apportez des haches et entamez les planches. Maintenant qu'un peloton se tienne prêt. Attention! et feu dans la trappe aussitôt qu'elle sera ouverte.

Un gémissement des ais et un soubresaut subit annonça aux gardes nationaux qu'un mouvement intérieur venait de s'opérer. Bientôt après on entendit un bruit souterrain qui ressemblait à une herse de fer qui se ferme.

— Courage, dit l'officier aux sapeurs qui accouraient.

La hache entama les planches. Vingt canons de fusil s'abaissèrent dans la direction de l'ouverture qui s'élargissait de seconde en seconde.

Mais par l'ouverture on ne vit personne.

L'officier alluma une torche et la jeta dans la cave; la cave était vide.

On souleva la trappe qui, cette fois, céda sans présenter la moindre résistance.

— Suivez-moi, s'écria l'officier en se précipitant bravement dans l'escalier.

— En avant! en avant! crièrent les gardes nationaux en s'élançant à la suite de leur officier.

— Ah! femme Plumeau, dit Simon, tu prêtes ta cave aux aristocrates!

Le mur était défoncé. Des pas nombreux avaient foulé le sol humide et un conduit de trois pieds de large et de cinq pieds de haut, pareil au boyau d'une tranchée, s'enfonçait dans la direction de la rue de la Corderie.

L'officier s'aventura dans cette ouverture, décidé à poursuivre les aristocrates jusque dans les entrailles de la terre; mais à peine eut-il fait trois ou quatre pas, qu'il fut arrêté par une grille de fer.

— Halte! dit-il à ceux qui le poussaient par derrière, on ne peut pas aller plus loin; il y a empêchement physique.

— Eh bien! dirent les municipaux,

qui, après avoir renfermé les prisonniers, accouraient pour avoir des nouvelles, qu'y a-t-il, voyons?

— Parbleu! dit l'officier en reparaissant, il y a conspiration ; les aristocrates voulaient enlever la reine pendant sa promenade, et probablement qu'elle était de connivence avec eux.

— Peste, cria le municipal. Que l'on coure après le citoyen Santerre, et qu'on prévienne la commune.

— Soldats, dit l'officier, restez dans cette cave et tuez tout ce qui se présentera.

Et l'officier, après avoir donné cet ordre, remonta pour faire son rapport.

— Ah! ah! criait Simon en se frottant les mains. Ah! ah! dira-t-on encore que je suis fou ? Brave Black; Black est un fameux patriote. Black a sauvé la République. Viens ici, Black, viens.

Et le brigand, qui avait fait les yeux doux au pauvre chien, lui lança, quand il fut proche de lui, un coup de pied qui l'envoya à vingt pas.

— Oh! je t'aime, Black, dit-il; tu feras couper le cou à ta maîtresse. Viens, ici, Black, viens.

Mais au lieu d'obéir, cette fois, Black reprit en criant le chemin du donjon.

VIII

Le muscadin.

Il y avait deux heures à peu près que les événemens que nous venons de raconter étaient accomplis.

Lorin se promenait dans la chambre de Maurice, tandis qu'Agésilas cirait les bottes de son maître dans l'antichambre; seulement, pour la plus grande commodité de la conversation, la porte était demeurée ouverte, et dans le parcours qu'il accomplissait, Lorin s'arrêtait devant cette porte et adressait des questions à l'officieux.

— Et tu dis, citoyen Agésilas, que ton maître est parti ce matin ?

— Oh! mon Dieu, oui.

— A son heure ordinaire?

— Dix minutes plus tôt, dix minutes plus tard, je ne saurais trop dire.

— Et tu ne l'as pas revu depuis ?

— Non, citoyen.

Lorin reprit sa promenade et fit en silence trois à quatre tours, puis s'arrêtant de nouveau :

— Avait-il son sabre, demanda-t-il ?

— Oh ! quand il va à la section, il l'a toujours.

— Et tu es sûr que c'est à la section qu'il est allé ?

— Il me l'a dit du moins.

— En ce cas, je vais le rejoindre, dit Lorin. Si nous nous croisions, tu lui diras que je suis venu et que je vais revenir.

— Attendez, dit Agésilas.

— Quoi ?

— J'entends son pas dans l'escalier.

— Tu crois ?

— J'en suis sûr.

En effet, presque au même instant, la porte de l'escalier s'ouvrit et Maurice entra.

Lorin jeta un coup d'œil rapide sur lui et voyant que rien en lui ne paraissait extraordinaire :

— Ah! te voilà enfin, dit Lorin, je t'attends depuis deux heures.

— Tant mieux, dit Maurice en souriant, cela t'aura donné du tems pour préparer les distiques et les quatrains.

— Ah! mon cher Maurice, dit l'improvisateur, je n'en fais plus.

— De distiques et de quatrains?

— Non.

— Bah! mais le monde va donc finir.

— Maurice, mon ami, je suis triste.

— Toi, triste ?

— Je suis malheureux.

— Toi, malheureux ?

— Oui, que veux tu, j'ai des remords.

— Des remords ?

— Eh ! mon Dieu, oui, dit Lorin ; toi ou elle, mon cher, il n'y avait pas de milieu. Toi ou elle, tu sens bien que je n'ai pas hésité ; mais, vois-tu, Arthémise est au désespoir, c'était son amie.

— Pauvre fille !

— Et comme c'est elle qui m'a donné son adresse...

— Tu aurais infiniment mieux fait de laisser les choses suivre leur cours.

— Oui, et ce serait toi qui, à cette heure, serait condamné à sa place. Puissamment raisonné, cher ami. Et moi qui venais te demander un conseil, je te croyais plus fort que cela.

— Voyons, n'importe, demande toujours.

— Eh bien! comprends-tu? Pauvre fille, je voudrais tenter quelque chose pour la sauver. Si je donnais ou si je recevais pour elle quelque bonne torgniole, il me semble que cela me ferait du bien.

— Tu es fou, Lorin, dit Maurice en haussant les épaules.

— Voyons, si je faisais une démarche auprès du tribunal révolutionnaire?

— Il est trop tard, elle est condamnée.

— En vérité, dit Lorin, c'est affreux de voir périr ainsi cette jeune femme.

— D'autant plus affreux que c'est mon salut qui a entraîné sa mort. Mais après tout, Lorin, ce qui doit nous consoler, c'est qu'elle conspirait.

— Eh ! mon Dieu, est-ce que tout le monde ne conspire pas, peu ou beaucoup, par le tems qui court. Elle a fait comme tout le monde, pauvre femme.

— Ne la plains pas trop, ami, et surtout ne la plains pas trop haut, dit Maurice, car nous portons une partie de sa peine. Crois-moi, nous ne sommes pas si bien lavés de l'accusation de complicité qu'elle n'ait fait tache. Aujourd'hui à la section j'ai été appelé Girondin par le capitaine des chasseurs de Saint-Leu, et tout à l'heure, il m'a fallu lui donner un coup de sabre pour lui prouver qu'il se trompait.

— C'est donc pour cela que tu rentres si tard.

— Justement.

— Mais pourquoi ne m'as-tu pas averti?

— Parce que dans ces sortes d'affaires tu ne peux te contenir ; il fallait que cela se terminât tout de suite, afin que la chose ne fît pas de bruit. Nous avons pris chacun de notre côté ceux que nous avions sous la main.

— Et cette canaille-là t'avait appelé Girondin, toi, Maurice, un pur!...

— Eh! mordieu, oui, c'est ce qui te prouve, mon cher, qu'encore une aventure pareille et nous sommes impopulaires ; or tu sais, Lorin, quel est, aux jours où nous vivons, le synonyme d'impopulaire, c'est *suspect*.

— Je sais bien, dit Lorin, et ce mot-là fait frissonner les plus braves, mais n'importe... il me répugne de laisser aller la pauvre Héloïse à la guillotine sans lui demander pardon...

— Enfin, que veux-tu ?

— Je voudrais que tu restasses ici, Maurice, toi qui n'as rien à te reprocher à son égard. Moi, vois-tu, c'est autre chose, puisque je ne puis rien de plus pour elle, j'irai sur son passage, je veux y aller, ami Maurice, tu me comprends, et pourvu qu'elle me tende la main.

— Je t'accompagnerai alors, dit Maurice.

— Impossible, mon ami, réfléchis donc : tu es municipal, tu es secrétaire de section, tu as été mis en cause, tandis que moi je n'ai été que ton défenseur; on te croirait coupable, reste donc; moi, c'est autre chose, je ne risque rien et j'y vais.

Tout ce que disait Lorin était si juste qu'il n'y avait rien à répondre. Maurice, échangeant un seul signe avec la fille Tison marchant à l'échafaud, dénonçait lui-même sa complicité.

— Va donc, lui dit-il, mais sois prudent.

Lorin sourit, serra la main de Maurice et partit.

Maurice ouvrit sa fenêtre et lui envoya un triste adieu. Mais avant que Lorin eût tourné le coin de la rue, plus d'une fois il s'y était remis pour le regarder encore, et chaque fois attiré par une espèce de sympathie magnétique, Lorin se retourna pour le regarder en souriant.

Enfin, lorsqu'il eut disparu au coin

du quai, Maurice referma la fenêtre, se jeta dans un fauteuil, et tomba dans une de ces somnolences qui, chez les caractères forts et pour les organisations vigoureuses, sont les pressentimens des grands malheurs, car ils ressemblent au calme précurseur de la tempête.

Il ne fut retiré de cette rêverie, ou plutôt de cet assoupissement, que par l'officieux, qui, au retour d'une commission faite à l'extérieur, rentra avec cet air éveillé des domestiques qui brûlent de débiter au maître les nouvelles qu'ils viennent de recueillir.

Mais, voyant Maurice préoccupé, il n'osa le distraire, et se contenta de passer et repasser sans motifs, mais avec obstination, devant lui.

— Qu'y a-t-il donc? demanda Maurice négligemment; parle, si tu as quelque chose à me dire.

— Ah! citoyen, encore une fameuse conspiration, allez!

Maurice fit un mouvement d'épaules.

— Une conspiration qui fait dresser les cheveux sur la tête, continua Agésilas.

— Vraiment! répondit Maurice en homme accoutumé aux trente conspirations quotidiennes de cette époque.

— Oui, citoyen, reprit Agésilas ; c'est à faire frémir, voyez-vous ! Rien que d'y penser, cela donne la chair de poule aux bons patriotes.

— Voyons cette conspiration ? dit Maurice.

— L'Autrichienne a manqué de s'enfuir.

— Bah ! dit Maurice commençant à prêter une attention plus réelle.

— Il paraît, dit Agésilas, que la veuve Capet avait des ramifications avec la fille Tison que l'on va guillotiner aujourd'hui. Elle ne l'a pas volé, la malheureuse !

— Et comment la reine avait-elle des relations avec cette fille? demanda Maurice, qui sentait perler la sueur sur son front.

— Par un œillet. Imaginez-vous, citoyen, qu'on lui a fait passer le plan de la chose dans un œillet.

— Dans un œillet!... Et qui cela?

— M. le chevalier de ... Attendez donc.... C'est pourtant un nom fièrement connu... mais, moi, j'oublie toujours ces noms... un chevalier de château... Que je suis bête! il n'y a plus de châteaux... Un chevalier de Maison...

— De Maison-Rouge?

— C'est cela.

— Impossible !

— Comment impossible ! Puisque je vous dis qu'on a trouvé une trappe, un souterrain, des carrosses.

— Mais non, c'est qu'au contraire tu n'as rien dit encore de tout cela.

— Ah bien, je vais vous le dire alors.

— Dis. Si c'est un conte, il est beau du moins.

— Non, citoyen, ce n'est pas un conte, tant s'en faut, et la preuve, c'est que je le tiens du citoyen portier. Les aristocrates ont creusé une mine ; cette mine partait de la rue de la Corderie, et allait jusque dans la cave de la cantine de la citoyenne Plumeau, et même elle a failli être compromise de complicité, la citoyenne Plumeau. Vous la connaissez, j'espère ?

— Oui, dit Maurice, mais après.

— Eh bien, la veuve Capet devait se sauver par ce souterrain-là. Elle avait déjà le pied sur la première marche, quoi ! C'est le citoyen Simon qui l'a rattrapée par sa robe. Tenez, on bat la générale dans la ville, et le rappel dans les sections ; entendez-vous le tambour, là. On dit que les Prussiens sont à Dammartin, et qu'ils ont poussé ces reconnaissances jusqu'aux frontières.

Au milieu de ce flux de paroles, du vrai et du faux, du possible et de l'absurde, Maurice saisit à peu près le fil conducteur. Tout partait de cet œillet donné sous ses yeux à la reine, et acheté par lui à la malheureuse bouquetière. Cet œillet contenait le plan d'une conspiration, qui venait d'éclater, avec les détails plus ou moins vrais que rapportait Algésiras.

En ce moment le bruit du tambour se rapprocha, et Maurice entendit crier dans la rue :

— Grande conspiration découverte

au Temple par le citoyen Simon ! Grande conspiration en faveur de la veuve Capet découverte au Temple !

— Oui, oui, dit Maurice, c'est bien ce que je pense. Il y a du vrai dans tout cela. Et Lorin qui, au milieu de cette exaltation populaire, va peut-être tendre la main à cette fille et se faire mettre en morceaux......

Maurice prit son chapeau, agrafa la ceinture de son sabre, et en deux bonds fut dans la rue.

— Où est-il ? se demanda Maurice ; sur le chemin de la Conciergerie sans doute.

Et il s'élança vers le quai.

A l'extrémité du quai de la Mégisserie, des piques et des baïonnettes surgissant du milieu d'un rassemblement, frappèrent ses regards; il lui sembla distinguer au milieu du groupe un habit de garde national et dans le groupe des mouvemens hostiles. Il courut, le cœur serré, vers le rassemblement qui encombrait le bord de l'eau.

Ce garde national, pressé par la cohorte des Marseillais, était Lorin; Lorin pâle, les lèvres serrées, l'œil menaçant, la main sur la poignée de son sabre, mesurant la place des coups qu'il se préparait à porter.

A deux pas de Lorin était Simon. Ce dernier, riant d'un rire féroce, désignait Lorin aux Marseillais et à la populace en disant :

— Tenez, tenez ! vous voyez bien celui-là ; c'en est un que j'ai fait chasser du Temple hier comme aristocrate ; c'en est un de ceux qui favorisent les correspondances dans les œillets. C'est le complice de la fille Tison qui va passer tout à l'heure. Eh bien ! le voyez-vous, il se promène tranquillement sur le quai, tandis que sa complice va marcher à la guillotine, et peut-être même qu'elle était plus que sa complice, que c'était sa maîtresse, et qu'il était venu ici pour lui dire adieu ou pour essayer de la sauver.

Lorin n'était pas un homme à en entendre davantage. Il tira son sabre hors du fourreau.

En même tems la foule s'ouvrit devant un homme qui donnait tête baissée dans le groupe, et dont les larges épaules renversèrent trois ou quatre spectateurs qui se préparaient à devenir acteurs.

— Sois heureux, Simon, dit Maurice. Tu regrettais sans doute que je ne fusse point là avec mon ami pour faire ton métier de dénonciateur en grand. Dénonce, Simon, dénonce, me voilà.

— Ma foi, oui, dit Simon avec son hideux ricanement, et tu arrives à propos Celui-là, dit-il, c'est le beau Maurice Lindey qui a été accusé en même tems que la fille Tison, et qui s'en est tiré parce qu'il est riche, lui.

— A la lanterne ! à la lanterne ! crièrent les Marseillais.

— Oui dà ? essayez donc un peu, dit Maurice.

Et il fit un pas en avant et piqua, comme pour s'essayer, au milieu du front un des plus ardens égorgeurs que le sang aveugla aussitôt.

— Au meurtre, s'écria celui-ci.

Les Marseillais abaissèrent les piques, levèrent les haches, armèrent les fusils; la foule s'écarta effrayée, et les deux amis restèrent isolés et exposés comme une double cible à tous les coups.

Ils se regardèrent avec un dernier et sublime sourire, car ils s'attendaient à être dévorés par ce tourbillon de fer et de flamme qui les menaçait, quand tout à coup la porte de la maison à laquelle ils s'adossaient s'ouvrit et un essaim de jeunes gens en habits, de ceux qu'on appelait les muscadins, armés tous d'un sabre et ayant chacun une paire de pistolets à la ceinture, fondit sur les Marseillais et engagea une mêlée terrible.

— Hurrah! crièrent ensemble Lorin et Maurice ranimés par ce secours, et sans réfléchir qu'en combattant dans les rangs des nouveaux venus, ils donnaient raison aux accusations de Simon. Hurrah!

Mais s'ils ne pensaient pas à leur salut, un autre y pensa pour eux. Un petit jeune homme de vingt-cinq à vingt-six ans, à l'œil bleu, frappant sans relâche avec une adresse et une ardeur infinie avec un sabre de sapeur qu'on eût cru que sa main de femme ne pouvait soulever, s'apercevant que Maurice et Lorin, au lieu de fuir par la porte qu'il semblait avoir laissée ouverte avec intention, combattaient à ses côtés, se retourna en leur disant tout bas :

— Fuyez par cette porte ; ce que nous venons faire ici ne vous regarde pas, et vous vous compromettez inutilement.

Puis tout à coup et voyant que les deux amis hésitaient :

— Arrière! cria-t-il à Maurice, pas de patriotes avec nous; municipal Lindey, nous sommes des aristocrates, nous.

A ce nom, à cette audace qu'avait un homme d'accuser une qualité, qui à cette époque-là valait sentence de mort, la foule poussa un grand cri.

Mais le jeune homme blond avec trois ou quatre amis, sans s'effrayer de ce cri, poussèrent Maurice et Lorin dans l'allée, dont ils refermèrent la porte derrière eux, puis ils revinrent se jeter dans la mêlée, qui était encore augmentée de l'approche de la charrette.

Maurice et Lorin, si miraculeusement sauvés, se regardèrent étonnés, éblouis.

Mais ils comprirent qu'il n'y avait pas de temps à perdre et cherchèrent une issue.

Cette issue semblait ménagée exprès; ils entrèrent dans une cour et, au fond de cette cour, trouvèrent une petite porte dérobée qui donnait sur la rue Saint-Germain-l'Auxerrois.

A ce moment, du Pont-au-Change déboucha un détachement de gendarmes qui eut bientôt balayé le quai, quoique de la rue transversale où se tenaient les deux amis, on entendît pendant un instant le bruit d'une lutte acharnée.

Ils précédaient la charrette qui conduisait à la guillotine la pauvre Héloïse.

— Au galop! cria une voix; au galop!

La charrette partit au galop. Lorin

aperçut la malheureuse jeune fille, debout, le sourire sur les lèvres et l'œil fier. Mais il ne put même échanger un geste avec elle. Elle passa sans le voir au milieu d'un tourbillon de peuple qui criait :

— A mort! l'aristocrate. A mort!

Et le bruit s'éloigna décroissant et gagnant les Tuileries.

En même temps la petite porte par laquelle étaient sortis Maurice et Lorin se rouvrit, et trois ou quatre muscadins, les habits déchirés et sanglans, sortirent. C'était probablement tout ce qui restait de la petite troupe.

Le jeune homme blond sortit le dernier.

— Hélas! dit-il, cette cause est donc maudite!

Et jetant son sabre ébréché et sanglant, il s'élança vers la rue des Lavandières.

IX

Le chevalier de Maison-Rouge.

Maurice se hâta de rentrer à la section pour y porter plainte contre Simon.

Il est vrai qu'avant de se séparer de Maurice, Lorin avait trouvé un moyen plus expéditif, c'était de rassembler quelques Thermopyles, d'attendre Simon à sa première sortie du Temple, et de le tuer en bataille rangée.

Mais Maurice s'était formellement opposé à ce plan.

— Tu es perdu, lui dit-il, si tu en viens aux voies de fait. Écrasons Simon, mais écrasons-le par la légalité. Ce doit être chose facile à des légistes.

En conséquence, le lendemain matin, Maurice se rendit à la section, et formula sa plainte.

Mais il fut bien étonné quand à la

section le président fit la sourde oreille, se récusant, disant qu'il ne pouvait prendre parti entre deux bons citoyens animés tous deux de l'amour de la patrie.

— Bon! dit Maurice, je sais maintenant ce qu'il faut faire pour mériter la réputation de bon citoyen. Ah! ah! rassembler le peuple pour assassiner un homme qui vous déplaît, vous appelez cela être animé de l'amour de la patrie. Alors j'en reviens au sentiment de Lorin, que j'ai eu le tort de combattre. A partir d'aujourd'hui, je vais faire du patriotisme, comme vous l'entendez, et j'expérimenterai sur Simon.

— Citoyen Maurice, répondit le président, Simon a peut-être moins de torts que toi, dans cette affaire; il a découvert une conspiration, sans y être appelé par ses fonctions, là où tu n'as rien vu, toi dont c'était le devoir de la découvrir; de plus, tu as des connivences de hasard ou d'intention, lesquelles, nous n'en savons rien, mais tu en as avec les ennemis de la nation.

— Moi, dit Maurice, ah! voilà du nouveau, par exemple, et avec qui donc, citoyen président?

— Avec le citoyen Maison-Rouge.

— Moi, dit Maurice stupéfait; moi,

j'ai des connivences avec le chevalier
de Maison-Rouge? Je ne le connais
pas, je ne l'ai jamais...

— On t'a vu lui parler.

— Moi?

— Lui serrer la main.

— Moi?

— Oui.

— Où cela? quand cela?

Citoyen président, dit Maurice
emporté par la conviction de son innocence, tu en as menti.

— Ton zèle pour la patrie t'emporte

un peu loin, citoyen Maurice, dit le président; et tu seras fâché tout à l'heure de ce que tu viens de dire, quand je te donnerai la preuve que je n'ai avancé que la vérité. Voici trois rapports différens qui t'accusent.

— Allons donc! dit Maurice; est-ce que vous pensez que je suis assez niais pour croire à votre chevalier de Maison-Rouge?

— Et pourquoi n'y croirais-tu pas?

— Parce que c'est un spectre de conspirateur avec lequel vous tenez toujours une conspiration prête pour y englober vos ennemis.

— Lis les dénonciations.

— Je ne lirai rien, dit Maurice; je proteste que je n'ai jamais vu le chevalier de Maison-Rouge, et que je ne lui ai jamais parlé. Que celui qui ne croira pas à ma parole d'honneur vienne me le dire, je sais ce que j'aurai à lui répondre.

Le président haussa les épaules. Maurice, qui ne voulait pas être en reste avec personne, en fit autant.

Il y eut quelque chose de sombre et de réservé pendant le reste de la séance.

Après la séance le président, qui

était un brave patriote, élevé au premier rang du district par le suffrage de ses concitoyens, s'approcha de Maurice et lui dit :

— Viens, Maurice, j'ai à te parler.

Maurice suivit le président, qui le conduisit dans un petit cabinet attenant à la chambre des séances.

Arrivé là il le regarda en face, et lui posant la main sur l'épaule :

— Maurice, lui dit-il, j'ai connu, j'ai estimé ton père, ce qui fait que je t'estime et je t'aime. Maurice, crois-moi, tu cours un grand danger en te laissant aller au manque de foi, première décadence d'un esprit vraiment révolutionnaire. Maurice, mon ami, dès qu'on perd la foi, on perd la fidélité. Tu ne crois pas aux ennemis de la nation : de là vient que tu passes près d'eux sans les voir, et que tu deviens l'instrument de leurs complots sans t'en douter.

— Que diable! citoyen Maurice, je me connais, je suis homme de cœur, zélé patriote. Mais mon zèle ne me rend pas aveugle, mon patriotisme ne me rend pas fanatique ; voilà vingt conspirations prétendues que la république signe toutes du même nom. Je demande une fois pour toutes à voir l'éditeur responsable.

— Tu ne crois pas aux conspirateurs, Maurice, dit le président, eh bien, dis-moi, crois-tu à l'œillet rouge pour lequel on a guillotiné hier la fille Tison?

Maurice tressaillit.

— Crois-tu au souterrain pratiqué dans le jardin du Temple et communiquant de la cave de la citoyenne Plumeau à certaine maison de la rue de la Corderie?

— Non, dit Maurice.

— Alors, fait comme Thomas l'apôtre, va voir.

— Je ne suis pas de garde au Temple, et l'on ne me laissera pas entrer.

— Tout le monde peut entrer au Temple maintenant.

— Comment cela?

— Lis ce rapport; puisque tu es si incrédule, je ne procéderai plus que par pièces officielles.

— Comment! s'écria Maurice lisant le rapport, c'est à ce point?

— Continuez.

— On transporte la reine à la Conciergerie!

— Eh bien! répondit le président.

— Ah! ah! fit Maurice.

— Crois-tu que ce soit sur un rêve, sur ce que tu appelles une imagination, sur une billevesée, que le comité du salut public ait adopté une si grave mesure?

— Cette mesure a été adoptée, mais elle ne sera pas exécutée comme une foule de mesures que j'ai vu prendre; et voilà tout...

— Lis donc jusqu'au bout, dit le président.

Et il lui présenta un dernier papier.

— Le récépissé de Richard, le geôlier de la Conciergerie! s'écria Maurice.

— Elle y a été écrouée à deux heures.

Cette fois Maurice demeura pensif.

— La Commune, tu le sais, continua le président, agit dans des vues profondes. Elle s'est creusé un sillon large et droit; ses mesures ne sont pas des enfantillages, et elle a mis en exécution ce principe de Cromwell :

« *Il ne faut frapper les rois qu'à la tête.* »

Lis cette note secrète du ministre de la police.

Maurice lut :

« Attendu que nous avons la certi-
» tude que le ci-devant chevalier de
» Maison-Rouge est à Paris ; qu'il a été
» vu en différens endroits ; qu'il a
» laissé des traces de son passage en
» plusieurs complots heureusement
» avortés, j'invite tous les chefs de
» sections à redoubler de surveil-
» lance... »

— Eh bien ? demanda le président.

— Il faut que je te croie, citoyen président, s'écria Maurice.

Et il continua :

« Signalement du chevalier de Mai-
» son-Rouge : cinq pieds trois pouces,
» cheveux blonds, yeux bleus, nez
» droit, barbe châtaine, menton rond,
» voix douce, mains de femme.

» Trente-cinq à trente-six ans. »

Au signalement, une lueur étrange passa à travers l'esprit de Maurice; il songea à ce jeune homme qui commandait la troupe de muscadins qui les avait sauvés la veille Lorin et lui, et qui frappait si résolument sur les Marseillais avec son sabre de sapeur.

— Mordieu! murmura Maurice, serait-ce lui? en ce cas la dénonciation qui dit qu'on m'a vu lui parler, ne serait point fausse. Seulement je ne me rappelle pas lui avoir serré la main.

— Eh bien, Maurice, demanda le président, que dites-vous de cela maintenant, mon ami?

— Je dis que je vous crois, répondit

Maurice en méditant avec tristesse; car depuis quelque temps sans savoir quelle mauvaise influence attristait sa vie, il voyait toutes choses s'assombrir autour de lui.

— Ne joue pas ainsi ta popularité, Maurice, continua le président. La popularité aujourd'hui, c'est la vie. L'impopularité, prends-y garde, c'est le soupçon de trahison, et le citoyen Maurice Lindey ne peut pas être soupçonné d'être un traître.

Maurice n'avait rien à répondre à une doctrine qu'il sentait bien être la sienne. Il remercia son vieil ami et quitta la section.

— Ah! murmura-t-il, respirons un peu, c'est trop de soupçons et de luttes. Allons droit au repos, à l'innocence et à la joie ; allons à Geneviève.

Et Maurice prit le chemin de la vieille rue Saint-Jacques.

Lorsqu'il arriva chez le maître tanneur, Dixmer et Morand soutenaient Geneviève, en proie à une violente attaque de nerfs.

Aussi, au lieu de lui laisser l'entrée libre comme d'habitude, un domestique lui barra-t-il le passage.

— Annonce-moi toujours, dit Maurice inquiet, et si Dixmer ne peut pas me recevoir en ce moment, je me retirerai.

Le domestique entra dans le petit pavillon, tandis que lui, Maurice, demeurait dans le jardin.

Il lui sembla qu'il se passait quelque chose d'étrange dans la maison. Les ouvriers tanneurs n'étaient point à leur ouvrage et traversaient le jardin d'un air inquiet.

Dixmer revint lui-même jusqu'à la porte.

— Entrez, dit-il, cher Maurice, entrez, vous n'êtes pas de ceux pour qui la porte est fermée.

— Mais qu'y a-t-il donc? demanda le jeune homme.

— Geneviève est souffrante, dit Dixmer, plus que souffrante, car elle délire.

— Ah! mon Dieu! s'écria le jeune homme, ému de retrouver là encore le trouble et la souffrance. Qu'a-t-elle donc?

— Vous savez, mon cher, reprit Dixmer, aux maladies des femmes personne ne connaît rien, et surtout le mari.

Geneviève était renversée sur une espèce de chaise longue. Près d'elle était Morand qui lui faisait respirer des sels.

— Eh bien? demanda Dixmer.

— Toujours la même chose, reprit Morand.

— Héloïse! Héloïse! murmura la jeune femme à travers ses lèvres blanches et ses dents serrées.

— Héloïse! répéta Maurice avec étonnement.

— Eh, mon Dieu oui, reprit vivement Dixmer; Geneviève a eu le malheur de sortir hier et de voir passer cette malheureuse charrette avec une pauvre fille, nommée Héloïse, que l'on conduisait à la guillotine. Depuis ce moment-là, elle a eu cinq ou six attaques de nerfs, et ne fait que répéter ce nom.

— Ce qui l'a frappée surtout, dit Morand, c'est qu'elle a reconnu dans cette fille la bouquetière qui lui a vendu les œillets que vous savez.

— Certainement que je sais, puisqu'ils ont failli me faire couper le cou.

— Oui, nous avons su tout cela, cher Maurice, et croyez bien que nous avons été on ne peut pas plus effrayés. Mais Morand était à la séance, et il vous a vu sortir en liberté.

— Silence, dit Maurice, la voilà qui parle encore, je crois.

— Oh! des mots entrecoupés, inintelligibles, reprit Dixmer.

— Maurice, murmura Geneviève, ils vont tuer Maurice. A lui, chevalier, à lui!

Un silence profond succéda à ces quelques paroles.

— Maison-Rouge, murmura encore Geneviève; Maison-Rouge!

Maurice sentit comme un éclair de soupçon; mais ce n'était qu'un éclair. D'ailleurs il était trop ému de la souffrance de Geneviève pour commenter ses paroles.

— Avez-vous appelé un médecin? demanda-t-il.

— Oh! ce ne sera rien, reprit Dixmer; un peu de délire, voilà tout.

Et il serra si violemment le bras de sa femme, que Geneviève revint à elle et ouvrit, en jetant un léger cri, ses yeux qu'elle avait constamment tenus fermés jusque-là.

— Ah! vous voilà tous, dit-elle, et

Maurice avec vous. Oh! je suis heureuse de vous voir, mon ami; si vous saviez comme j'ai..... Elle se reprit : Comme nous avons souffert depuis deux jours.

— Oui, dit Maurice, nous voilà tous ; rassurez-vous donc et ne nous faites plus de terreurs pareilles. Il y a surtout un nom, voyez-vous, qu'il faudrait vous déshabituer de prononcer, attendu qu'en ce moment il n'est pas en odeur de sainteté.

— Et lequel? demanda vivement Geneviève.

— C'est celui du chevalier de Maison-Rouge.

— J'ai nommé le chevalier de Maison-Rouge, moi! dit Geneviève épouvantée.

— Sans doute, répondit Dixmer avec un rire forcé. Mais vous comprenez, Maurice, il n'y a rien là d'étonnant, puisqu'on dit publiquement qu'il était complice de la fille Tison, et que c'est lui qui a dirigé la tentative d'enlèvement qui par bonheur a échoué hier.

— Je ne dis pas qu'il y a quelque chose d'étonnant à cela, répondit Maurice; je dis seulement qu'il n'a qu'à se bien cacher.

— Qui? demanda Dixmer.

— Le chevalier de Maison-Rouge, parbleu? la Commune le cherche, et ses limiers ont le nez fin.

— Pourvu qu'on l'arrête, dit Morand, avant qu'il n'accomplisse quelque nouvelle entreprise qui réussira mieux que la dernière.

— En tout cas, dit Maurice, ce ne sera pas en faveur de la reine.

— Et pourquoi cela? demanda Morand.

— Parce que la reine est désormais à l'abri de ses coups de main.

Maurice était si préoccupé qu'il ne demanda pas même à Morand, auquel d'ailleurs il n'avait pas adressé un mot depuis qu'ils étaient sortis ensemble de la maison, qui était cet homme et que faisait là ce cheval.

Il prit la rue des Fossés-Saint-Victor et gagna les quais.

— C'est étrange, se disait-il tout en marchant. Est-ce mon esprit qui s'affaiblit, sont-ce les évènemens qui prennent de la gravité? Mais tout m'apparaît grossi comme à travers un microscope.

Et pour retrouver un peu de calme,

Maurice présenta son front à la brise du soir, et s'appuya sur le parapet du pont.

X

La patrouille.

Comme il achevait en lui-même cette lugubre réflexion, tout en regardant l'eau couler avec cette attention mélancolique dont on retrouve les symptômes chez tout Parisien pur, Maurice, appuyé au parapet du pont, entendit une petite troupe qui venait à lui d'un pas égal, comme pourrait être celui d'une patrouille.

Il se retourna : c'était une compagnie de la garde nationale qui arrivait par l'autre extrémité. Au milieu de l'obscurité, Maurice crut reconnaître Lorin.

C'était lui, en effet. Dès qu'il l'aperçut, il courut à lui les bras ouverts.

— Enfin, s'écria Lorin, c'est toi. Morbleu! ce n'est pas sans peine que l'on te rejoint.

> Mais puisque je retrouve un ami si fidèle
> Ma fortune va prendre une face nouvelle.

Cette fois tu ne te plaindras pas, j'espère, je te donne du Racine au lieu de te donner du Lorin.

— Que viens-tu donc faire par ici en patrouille? demanda Maurice que tout inquiétait.

— Je suis chef d'expédition, mon ami ; il s'agit de rétablir sur sa base primitive notre réputation ébranlée.

Puis se retournant vers sa compagnie :

— Portez armes! présentez armes! haut les armes! dit-il. Là, mes enfans, il ne fait pas encore nuit assez noire. Causez de vos petites affaires, nous allons causer des nôtres.

Puis revenant à Maurice.

— J'ai appris aujourd'hui à la section deux grandes nouvelles, continua Lorin.

— Lesquelles?

— La première, c'est que nous commençons à être suspects, toi et moi.

— Je le sais. Après?

— Ah! tu le sais.

— Oui.

— La seconde, c'est que toute la conspiration à l'œillet a été conduite par le chevalier de Maison-Rouge.

— Je le sais encore.

— Mais ce que tu ne sais pas, c'est que la conspiration de l'œillet rouge et celle du souterrain ne faisaient qu'une seule conspiration.

— Je le sais encore.

— Alors, passons à une troisième nouvelle. Tu ne la sais pas celle-là, j'en suis sûr. Nous allons prendre ce soir le chevalier de Maison-Rouge.

— Prendre le chevalier de Maison Rouge?

— Oui.

— Tu t'es donc fait gendarme?

— Non, mais je suis patriote. Un patriote se doit à sa patrie. Or, ma patrie est abominablement ravagée par ce chevalier de Maison-Rouge qui fait complot sur complot. Or, la patrie ordonne à moi, qui suis un patriote, de la débarrasser du susdit chevalier de Maison-Rouge qui la gêne horriblement, et j'obéis à la patrie.

— C'est égal, dit Maurice, il est singulier que tu te charges d'une pareille commission.

— Je ne m'en suis pas chargé, on m'en a chargé; mais, d'ailleurs, je dois dire que je l'eusse briguée, la commission. Il nous faut un coup éclatant pour nous réhabiliter, attendu que notre réhabilitation, c'est non-seulement la sécurité de notre existence, mais encore le droit de mettre à la première occasion six pouces de lame dans le ventre de cet affreux Simon.

— Mais comment a-t-on su que c'était le chevalier de Maison-Rouge, qui était à la tête de la conspiration du souterrain?

— Ce n'est pas encore bien sûr, mais on le présume.

— Ah! vous procédez par induction.

— Nous procédons par certitude.

— Comment arranges-tu tout cela, voyons, car enfin...

— Ecoute bien.

— Je t'écoute.

— A peine ai-je entendu crier :

Grande conspiration découverte par le citoyen Simon... — Cette canaille de Simon ! il est partout ce misérable ! — que j'ai voulu juger de la vérité par moi-même. Or, on parlait d'un souterrain.

— Existe-t-il ?

— Oh ! il existe, je l'ai vu.

Vu, de mes deux yeux vu, ce qui s'appelle vu.

Tiens, pourquoi ne siffles-tu pas ?

— Parce que c'est du Molière, et que, je te l'avoue d'ailleurs, les circonstances me paraissent un peu graves pour plaisanter.

— Eh bien ! de quoi plaisantera-t-on alors, si l'on ne plaisante pas des choses graves.

— Tu dis donc que tu as vu...

— ..... Le souterrain. Je répète que j'ai vu le souterrain, que je l'ai parcouru, et qu'il correspondait de la cave de la citoyenne Plumeau à une maison de la rue de la Corderie; à la maison n. 12 ou 14, je ne me rappelle plus bien.

— Vrai ! Lorin, tu l'as parcouru ?...

— Dans toute sa longueur, et, ma foi ! je t'assure que c'était un boyau fort joliment taillé ; de plus, il était coupé par trois grilles en fer, que l'on a été obligé de déchausser les unes après les autres ; mais qui, dans le cas où les conjurés auraient réussi, leur eussent donné tout le temps, en sacrifiant trois ou quatre des leurs, de mettre madame veuve Capet en lieu de sûreté. Heureusement, il n'en est pas ainsi et cet affreux Simon a encore découvert celle-là

— Mais il me semble, dit Maurice, que ceux qu'on aurait dû arrêter d'abord étaient les habitans de cette maison de la rue de la Corderie.

— C'est ce que l'on aurait fait aussi

si l'on n'eût pas trouvé la maison parfaitement dénuée de locataires.

— Mais enfin cette maison appartenait à quelqu'un?

— Oui, à un nouveau propriétaire, mais personne ne le connaissait; on savait que la maison avait changé de maître depuis quinze jours ou trois semaines, voilà tout. Les voisins avaient bien entendu du bruit, mais comme la maison était vieille, ils avaient cru qu'on travaillait aux réparations. Quant à l'autre propriétaire, il avait quitté Paris.

J'arrivai sur ces entrefaites.

— Pour Dieu ! dis-je à Santerre en le tirant à part; vous êtes tous bien embarrassés.

— C'est vrai, répondit-il, nous le sommes.

— Cette maison a été vendue, n'est-ce pas ?

— Oui.

— Il y a quinze jours ?

— Quinze jours ou trois semaines.

— Vendue par-devant un notaire ?

— Oui.

— Eh bien! il faut chercher chez tous les notaires de Paris, savoir lequel a vendu cette maison et se faire communiquer l'acte. On verra dessus le le nom et le domicile de l'acheteur.

— A la bonne heure! c'est un conseil cela, dit Santerre, et voilà pourtant un homme qu'on accuse d'être un mauvais patriote. Lorin, Lorin! je te réhabiliterai ou le diable me brûle.

— Bref! continua Lorin, ce qui fut dit fut fait. On chercha le notaire, on retrouva l'acte, et sur l'acte le nom et le domicile du coupable. Alors Santerre m'a tenu parole, il m'a désigné pour l'arrêter.

— Et cet homme c'était le chevalier de Maison-Rouge.

— Non pas, son complice seulement, c'est-à-dire probablement.

— Mais alors comment dis-tu que vous allez arrêter le chevalier de Maison-Rouge?

— Nous allons les arrêter tous ensemble.

— D'abord connais-tu ce chevalier de Maison-Rouge ?

— A merveille.

— Tu as donc son signalement?

— Parbleu ! Santerre me l'a donné. Cinq pieds deux ou trois pouces ; cheveux blonds, yeux bleus, nez droit, barbe chataine ; d'ailleurs je l'ai vu.

— Quand ?

— Aujourd'hui même.

— Tu l'as vu ?

— Et toi aussi.

Maurice tressaillit.

— Ce petit jeune homme blond qui nous a délivrés ce matin, tu sais, celui qui commandait la troupe des muscadins qui tapait si dur.

— C'était donc lui? demanda Maurice.

— Lui-même. On l'a suivi et on l'a perdu dans les environs du domicile de notre propriétaire de la rue de la Corderie ; de sorte qu'on présume qu'ils logent ensemble.

— En effet, c'est probable.

— C'est sûr.

— Mais il me semble, Lorin, ajouta Maurice, que si tu arrêtes ce soir celui qui nous a sauvés ce matin, tu manques quelque peu de reconnaissance.

— Allons donc, dit Lorin. Est-ce que

tu crois qu'il nous a sauvés pour nous sauver?

— Et pourquoi donc?

— Pas du tout. Ils étaient embusqués là pour enlever la pauvre Héloïse Tison quand elle passerait. Nos égorgeurs les gênaient, ils sont tombés sur nos égorgeurs. Nous avons été sauvés par contre-coup. Or, comme tout est dans l'intention, et que l'intention n'y était pas, je n'ai pas à me reprocher la plus petite ingratitude. D'ailleurs, vois-tu, Maurice, le point capital c'est la nécessité ; et il y a nécessité à ce que nous nous réhabilitions par un coup d'éclat. D'ailleurs, j'ai répondu de toi.

— A qui ?

— A Santerre, il sait que tu commandes l'expédition.

— Comment cela ?

— Es-tu sûr d'arrêter les coupables ? a-t-il dit.

— Oui, ai-je répondu, si Maurice en est.

— Mais es-tu sûr de Maurice ? depuis quelque temps il tiédit.

— Ceux qui disent cela se trompent ; Maurice ne tiédit pas plus que moi.

— Et tu en réponds ?

— Comme de moi-même. Alors j'ai passé chez toi, mais je ne t'ai pas trouvé; j'ai pris ensuite ce chemin, d'abord parce que c'était le mien et ensuite parce que c'était celui que tu prends d'ordinaire; enfin, je t'ai rencontré, te voilà ; en avant, marche!

La victoire en chantant
Nous ouvre la barrière...

— Mon cher Lorin, j'en suis désespéré, mais je ne me sens pas le moindre goût pour cette expédition ; tu diras que tu ne m'as point rencontré.

— Impossible! tous nos hommes t'ont vu.

— Eh bien ! tu diras que tu m'as rencontré et que je n'ai pas voulu être des vôtres.

— Impossible encore.

— Et pourquoi cela ?

— Parce que cette fois tu ne seras plus un tiède, mais un suspect... et tu sais ce qu'on en fait des suspects : on les conduit sur la place de la Révolution et on les invite à saluer la statue de la Liberté ; seulement, au lieu de saluer avec le chapeau, ils saluent avec la tête...

— Eh bien ! Lorin, il arrivera ce qu'il pourra ; mais, en vérité, cela te paraîtra sans doute étrange, ce que je vais te dire là ?

Lorin ouvrit de grands yeux et regarda Maurice.

— Eh bien ! reprit Maurice, je suis dégoûté de la vie...

Lorin éclata de rire.

— Bon ! dit-il ; nous sommes en bisbille avec notre bien-aimée, et cela nous donne des idées mélancoliques. Allons, bel Amadis ! redevenons un homme, et de là nous passerons au citoyen ; moi, au contraire, je ne suis jamais meilleur patriote que lorsque je suis en brouille avec Arthémise. A

propos, sa divinité, la déesse Raison,
te dit des millions des choses gra-
cieuses.

— Tu la remercieras de ma part ;
adieu, Lorin.

— Comment, adieu !

— Oui, je m'en vais.

— Où vas-tu ?

— Chez moi, parbleu !

— Maurice, tu te perds.

— Je m'en moque.

— Maurice, réfléchis, ami, réfléchis.

— C'est fait.

— Je ne t'ai pas tout répété...

— Tout, quoi?

— Tout ce que m'avait dit Santerre.

— Que t'a-t-il dit ?

— Quand je t'ai demandé comme chef de l'expédition, il m'a dit : prends garde !

— A qui ?

— A Maurice.

— A moi !

— Oui. Maurice, a-t-il ajouté, va bien souvent dans ce quartier-là.

— Dans quel quartier?

— Dans celui de Maison-Rouge.

— Comment ! s'écria Maurice, c'est par ici qu'il se cache?

— On le présume, du moins, puisque c'est par ici que loge son complice présumé, l'acheteur de la maison de la rue de la Corderie.

— Faubourg Victor? demanda Maurice.

—, Oui, faubourg Victor.

— Et dans quelle rue du faubourg?

— Dans la vieille rue Saint-Jacques.

—'Ah! mon Dieu! murmura Maurice ébloui comme par un éclair.

Et il porta sa main sur ses yeux.

Puis au bout d'un instant, et comme si pendant cet instant il avait appelé tout son courage.

— Son état? dit-il.

— Maître tanneur.

— Et son nom?

— Dixmer.

— Tu as raison, Lorin, dit Maurice comprimant jusqu'à l'apparence de l'émotion par la force de sa volonté, et je vais avec vous.

— Et tu fais bien. Es-tu armé?

— J'ai mon sabre, comme toujours.

— Prends encore ces deux pistolets.

— Et toi ?

— Moi, j'ai ma carabine. Portez armes ! armes bras, en avant ! marche !

La patrouille se remit en marche accompagnée de Maurice qui marchait près de Lorin, et précédée d'un homme vêtu de gris qui la dirigeait. C'était l'homme de la police.

De temps en temps on voyait se détacher des angles des rues ou des portes des maisons, une espèce d'ombre qui venait échanger quelques paroles avec l'homme vêtu de gris ; c'étaient des surveillans.

On arriva à la ruelle. L'homme

gris n'hésita pas un seul instant ;
il était bien renseigné. Il prit la
ruelle.

Devant la porte du jardin par laquelle
on avait fait entrer Maurice garotté, il
s'arrêta.

— C'est ici, dit-il.

— C'est ici. Quoi ? demanda Lorin.

— C'est ici que nous trouverons les
deux chefs.

Maurice s'appuya au mur, il lui
sembla qu'il allait tomber à la renverse.

— Maintenant, dit l'homme gris, il y a trois entrées : l'entrée principale, celle-ci et une autre entrée qui donne dans un pavillon. J'entrerai avec six ou huit hommes par l'entrée principale ; gardez cette entrée-ci avec quatre ou cinq hommes, et mettez trois hommes sûrs à la sortie du pavillon.

— Moi, dit Maurice, je vais passer par-dessus le mur, et je veillerai dans le jardin.

— A merveille, dit Lorin, d'autant plus que de l'intérieur tu nous ouvriras la porte.

— Volontiers, dit Maurice. Mais

n'allez pas dégarnir le passage et venir sans que je vous appelle. Tout ce qui se passera dans l'intérieur, je le verrai du jardin.

— Tu connais donc la maison ? demanda Lorin.

— Autrefois, j'ai voulu l'acheter.

Lorin embusqua ses hommes dans les angles des haies, dans les encoignures des portes, tandis que l'agent de police s'éloignait avec huit ou dix gardes nationaux pour forcer, comme il l'avait dit, l'entrée principale.

Au bout d'un instant le bruit de

leurs pas s'était éteint sans avoir, dans ce désert, éveillé la moindre attention.

Les hommes de Maurice étaient à leur poste et s'effaçaient de leur mieux. On eût juré que tout était tranquille et qu'il ne se passait rien d'extraordinaire dans la vieille rue Saint-Jacques.

Maurice commença donc d'enjamber le mur.

— Attends donc, dit Lorin.

— Quoi?

— Et le mot d'ordre.

— C'est juste.

— *Œillet et souterrain.* Arrête tous ceux qui ne te diront pas ces deux mots. Laisse passer tous ceux qui te les diront. Voilà la consigne.

— Merci, dit Maurice.

Et il sauta du haut du mur dans le jardin.

FIN DU TROISIÈME VOLUME.

TABLE

des chapitres du troisième volume.

Chap. I. — La bouquetière 1
 II. — L'œillet rouge. 23
 III. — Simon le censeur 47
 IV. — La déesse Raison 69
 V. — La mère et la fille 97
 VI. — Le billet 125
 VII. — Black 163
 VIII. — Le muscadin 197
 IX. — Le chevalier de Maison-Rouge . 229
 X. — La patrouille 261

FIN DE LA TABLE DU TROISIÈME VOLUME.

Imprimerie de E. JACQUIN, à Fontainebleau.

www.ingramcontent.com/pod-product-compliance
Lightning Source LLC
Chambersburg PA
CBHW071133160426
43196CB00011B/1882